廣雅

第一辑

主编/罗韬

广州新华出版发行集团
广州出版社
GUANGZHOU PRESS

图书在版编目（CIP）数据

广雅 . 第一辑 / 罗韬主编 . -- 广州 : 广州出版社 , 2024. 10. -- ISBN 978-7-5462-3760-2

Ⅰ . H131.4

中国国家版本馆 CIP 数据核字第 2024R5M288 号

策　　划　陈晓丹
统　　筹　杨　斌
执　　行　李　云

书　　名　广雅（第一辑）
Guang Ya（Di-yi Ji）
出版发行　广州出版社
（地址：广州市天河区天润路 87 号 9、10 楼
邮政编码：510635　网址：www.gzcbs.com.cn）
项目支持　广东人文艺术研究会
责任编辑　柳宗慧　田宇星
责任校对　窦兵兵
印刷单位　广州市岭美文化科技有限公司
（地址：广州市荔湾区花地大道南海南工商贸易区 A 幢
邮政编码：510385）
规　　格　787 mm ×1092 mm　1/16
印　　张　14.5
字　　数　170 千字
版　　次　2024 年 10 月第 1 版
印　　次　2024 年 10 月第 1 次
书　　号　ISBN 978-7-5462-3760-2
定　　价　68.00 元

开篇语

明末大儒顾炎武有言："夫天地之气，自西北而东南。"这话既是总结，也是预言。中华经济文化之扩展，有一个起于中原，继盛于江南，而更张大于岭南之国运。对中国而言，明清以后岭南之崛起，其意义不亚于唐宋间江南之崛起。岭南文化之兴，自有中国国运日新之内在逻辑，亦有相逢大航海时代带来之全球化大趋势，而此势至今未已。

岭南处中华大陆之南端，是环太平洋文化圈的重要一环，是中国重要的政治文化经济现代化转型的支撑点和转捩点。在这一区域，一代又一代新生的社会精英在此诞生，演绎出一幕接一幕政治、经济、文化之活剧。岭南之影响，改变中国，及于世界。如果借用"六识"之说，所谓意识、身识、眼识、耳识、舌识、鼻识六端，广东人都产生过第一流的影响。意识方面，更早的惠能、白沙，乃至近代郑观应、康有为、梁启超、孙中山，此其至大者，人所共知。身识则数张竞生之性学研究，惊世骇俗，至今依然令人畏服。眼耳之识，从音乐的萧友梅、马思聪、冼星海，到绘画的林风眠、"二高一陈"，俱开前古未有之境，创千秋不朽之典，足以气压江南，风披中原。至于舌鼻之识，如岭南美食，北伐西渐，誉满天下。除此荦荦大者，还有无数珍贵的思想文化精华、英贤故事以及文献遗存，都非常需要我们深入发掘、传承和弘扬。

此《广雅》之所以创设也。所谓"广雅"者，广东之风雅也，亦寓将岭南风雅广而播之之意。这既是向张之洞当年创立广雅书局之宏愿致敬，亦有传播乡邦文化英华之志。

《广雅》以挖掘岭南文化为基本宗旨，面向全国，兼及海外。所选文章以学术性为内核，以趣味性为形式，以学术随笔为主要体裁。基本内容方向包括岭南经济史文化史随笔、文坛掌故、学界侧记、名人事迹、艺坛逸闻等，力求反映岭南地区文化的高度、厚度和丰富度。

此心此志，读者鉴之。

罗 韬

目录

廣雅

我学词的因缘
——从陈洵说到纳兰性德

黄天骥

近日，有朋友问我："学界一般知道您在中山大学是以研究古代戏曲为主的教师，为什么您在1983年出版的第一部论著，竟是《纳兰性德和他的词》？您最近又连续在一些刊物中，发表研究宋词的习作，作为家住西关的新会籍人士，您是否和近代著名词人陈洵先生有些因缘？"我一时语塞。但仔细一想，一个学人的成长，和校风的熏陶、老师的言传身教、家长的影响，以及偶然的一些机遇，有着密切的关系。今年，我即将步入"90后"，回顾自己学习上的一些情况，也许对人生的成长，能有所感悟。

我于1952年考入中山大学中文系，1956年毕业后留校任教，从事中国古代文学的教学和科研工作。我记得，在20世纪60年代，我给同学们讲授"明清文学史"，讲到近代诗词时，对黄节、陈洵的诗词略有涉猎，但我对陈先生的《海绡词》了解不多，兴趣不大，总觉得他崇尚宋代吴文英的词风，词作写得晦涩。可以说，他对我后来的学习，并没有什么影响。但是，他和我没有一点点因缘吗？也不是，因为，他曾经是我父亲的老师。

据知，陈洵先生得到朱祖谋先生的推荐，于1929年任中山大学文学院教授。我的父亲黄朝国，也考入了中大中文系。当时，陈先生的家，在西关逢源路逢北街的末端；我的家，在宝源路宝源正街。这两条街巷，巷口相对，中间就只隔着一条几丈宽的逢源路。因此，我家和陈府，相距较近。那时候，陈洵先生每周要到石牌的中大校区上课。石牌和西关，相距较远，因此，校方必派小车到逢源路口，接送陈老师。这一来，我父亲在回校上学时，便乘搭这顺风车，跟随陈先生赴校。显然，我父亲和陈先生，有着较多的接触机会；作为中文系的学生，也当然听过他讲授有关的词学课程。我父亲遗下的三个大书架上，放着一整套《十三经注疏》，以及《唐诗三百首》《白香词谱》《爱的教育》和鲁迅翻译的《苦闷的象征》等。虽有好些书的名字，我已记不起了，但我想，父亲购买这类书籍，应与在中文系求学时受到包括陈洵先生在内的老师们的影响有关。

我的外祖父是詹天佑的学生，后任修建粤汉铁路的工程师。我的母亲是长女。母亲受过中学教育，可以说是典型的“西关小姐”。在当年，我的父母亲文化水平相当，夫妻之间，相亲相爱。但是，在我3岁、妹妹1岁的时候，母亲不幸患肺病去世，当时，她只有25岁。不久，日寇侵华，广州被日机轰炸，我便跟着祖父、父亲和原是小姨的继母，逃到澳门避难。过了一年左右，我们生计不易维持，便又回到广州，只留下父亲一个人在澳门南海联合中学任教。谁知一年左右，父亲便去世了，卒年才31岁。父母的年龄，恰巧是纳兰性德和他妻子去世时的年纪。

听说，先父平生谨慎，但在一次中学的学生举行毕业典礼后，教师聚餐，父亲一时高兴，喝了一杯汽水，染上了当时流行的霍乱病。在战乱时期，澳门缺医少药，染病两天后，他即告去世。当时，我只有7岁。平时，父亲学习和工作忙碌，早出晚归，实际上，我和他接触的时间并不多，到现在，也只能从他的遗照中，想起他的面影。所以，他对我后来的学习，并没有什么影响。如果说，陈洵先生和我有什么因缘，那无非是父亲向他学习过中国古代文学，因而买了不少和古代文学有关的书籍。倒是父亲遗下的这些书籍，影响了我后来的成长。

父亲去世后，我由祖父抚养。我想，祖父当初未必就想我继承父业，但是，当我进入小学后，倒不自觉地对音乐和唐诗产生了浓厚的兴趣。当年，广州的小学，由日伪政府管理。实际上，日本人也管不过来，除了安插一些伪政府的“督学”，有时到小学“视察”，并且要求从小学三年级开始，每周要上两节日语课以外，其他基本上按照原来国民政府的做法。那时候，一些没法逃往内地的知识分子，为了生计，也留在广州的小学教书。我就读的小学，恰好在我家的隔壁。每天上午，只上几节算术课和语文课；下午，则是上体育课、劳作课、美术课和音乐课之类，也没有安排多少作业。

那时候，我最喜欢上音乐课了。当然，在日伪的统治下，老师不可能教我们唱抗日的歌曲，但可以教我们一些和爱国主义有关、具有民族思想的歌曲。像有一位姓卢的女教师，便教我们唱岳飞的《满江红》。这首歌，日本人听不懂。我们虽小，但唱到“待从头、收拾旧山河”的时候，心头也会受到触动。卢老师还教我们唱一些以诗词作为歌词，却以西方名曲为谱的歌曲。比如作曲家兼诗人黄自创作的古体诗《秋声》，竟把英国作曲家威廉·托马斯·莱顿的名曲《她明朗的微笑仍出现在我眼前》（Her Bright Smile Haunts Me Still）的曲谱，作为自己那首诗的曲调。由于诗中有“枚衔相接军行疾，何日长驱夜出关”的句子，带有民族主义的色彩，我们在朦胧中也有所感悟。而伪政府的“督学”，以为我们唱的只是英文歌，并没有干预。我还记得，卢老师又教我们唱唐代诗人卢纶的《塞下曲》：“鹫翎金仆姑，燕尾绣蝥弧……”，这是一首描写唐军抗击外敌的诗，而她是用欧洲的名曲谱唱。可见，即使在沦陷区里，人们在日寇的统治下，有良知和具有爱国思想的教师，也总是千方百计地对青少年进行一些民族主义、爱国主义教育。

这些用欧洲名曲配合中国古诗词的歌，非常动听，我很爱唱。于是在学校里唱，回到家里也唱。想不到，这竟让我对诗词和音乐，从小就产生浓厚的兴趣。祖父听到我常常在唱，便让我从父亲遗下的书籍里，找出《唐诗三百首》《白香词谱》《幼学琼林》《古文观止》等，要我每天背诵。我也不求甚解，只像唱歌那样背诗，竟然背熟了不少诗词和古文。到了小学五年级时，抗战胜利，我便转到多宝路一所规模较大的小学读书。这所小学有“洋操队”，“洋操队”有十来面小鼓、两个大鼓、一面铜钹组成的乐队。小学生在列队游行时，乐队的前面要有一个人拿着一根约一米长、镀成银色的铜棒，这根棒，就是鼓手的指挥棒。它由一个人拿着，一上一下地挥动，那些大鼓手和小鼓手，便跟着挥动的节奏，敲打鼓点。老师们看到我喜欢音乐，有较好的节奏感，便让我担任在队伍前挥动银棒的角色。想不到，这又为我在中学时就能指挥乐队和合唱队打下了基础。

我在小学毕业后，考进广州市南海中学。该校成立于1904年，新中国成立前曾被评为全国最好的九所中学之一。这所中学，以培养文科学生著称。在我读初中一年级的时候，语文老师是孔昭皋老师。他是广州人，看到我喜欢诗词，便教我掌握平仄和写诗填词的初步方法。这所中学，还设有“镜芙学额”和“襄寰学额”，分别奖励文科和理科成绩优秀者。获奖者可以免交一个学期的学费。学校还会把获奖者的名字刻在礼堂的牌匾上。我得过“镜芙学额”，这使我对文史方面的学习，有了更大的兴趣。另外，因我喜欢音乐且做过“洋操队”的指挥，音乐教师曾嫩珠（毕业于中大教育系，后来成为独唱家，在广州乐团担任女高音）就培养我当合唱团的指挥。想不到在全市中学夏令营中，我指挥的由马可作曲的《反对武装日本》和由贺绿汀作曲的《歌唱新中国》，竟获了奖。曾老师很高兴，不仅专门请了著名音乐家罗荣钜先生指导我学习乐理，还请了专业的指挥家教导我有关音乐指挥的技巧。在我中学行将毕业的时候，他们都希望我报考音乐学院。而艺术理解，本来就与学习文学有着密切的关系。经常走上舞台，对我后来研究戏曲很有帮助。

我在中山大学中文系的大一上学期就上了中国文学史课程。上古阶段是先秦文学，《诗经》和《楚辞》由詹安泰教授主讲。詹老师是研究宋词的专家。他年轻时便和陈洵先生有所交往。1938年，詹老师到中大中文系任教，接陈先生之手，讲授并研究宋词。我本就对诗词很感兴趣，詹老师的讲授又十分精彩，因此，我便把课余时间全部投入到古代文学的学习中去了。当时我被选为文学史的科代表，有代表学生和任课教师联系的任务，所以，我能经常有机会到詹老师家里。我到詹老师府上反映同学听课的意见时，也常向他请教有关诗词创作的问题。他告诉我，写诗写词时，要注意重点学一家，但又不能只学一家；如果只会按平仄填写某些内容，其实并不算会写诗填词；要注意形成自己的风格；等等。不仅如此，他还经常把自己所写的词给我品读，让我细看，然后告诉我，他为什么这样写。这相当于是手把手地教导。后来，我在20世纪80年代初撰写《纳兰性德和他的词》一书，对纳兰词风的一些理解，正得益于詹老师在诗词方面对我的教导和启发。

有了大一的学习积累，等到大二文学史课程讲到魏晋时期，我就开始撰写有关陶渊明诗歌的论文。到大三的上学期，我的论文便已完稿。我那时不知天高地厚，竟胡乱地把论文的文稿多抄了一份，寄交《光明日报》主编的《文学遗产》。那时，我甚至不懂得该期刊的权威性，只顺手放进邮箱而已。谁知过了两月，该刊主编陈翔鹤先生来信批评我字迹潦草，排字工人一面排字一面骂。我很惶恐，过了不久，这论文竟然发表了，我收到了生平第一笔颇多的稿费。

按照我的学习和兴趣，我在准备毕业论文时，一定会继续研究诗词问题。谁知一次顽皮的举动，改变了我的学习方向，而这样的改变，又与后来我撰写纳兰词的文章有关。

在大三下学期，董每戡教授给我们讲授中国戏曲史。董老师是著名的戏剧史家和戏剧理论家。他既是编剧，又是导演。电影艺术家赵丹第一次演出的话剧《C夫人的肖像》，编剧正是董先生。在20世纪30年代，他和田汉、夏衍等人参加左联（中国左翼作家联盟）戏剧活动。抗日战争期间，他写了大量宣传抗日的剧作。1954年，他到中山大学中文系任教，讲授中国戏剧史和外国文学史。他讲课生动深刻，很受同学们的欢迎。由于在解放前包括在抗日战争中奔波劳碌，他身体瘦弱，背部微驼，走路时一拐一拐的，很有特色。

有一天上午，该是由董老师给我们上课，上课地点在康乐园的岭南旧农学院三楼。那天，下着大雨，上课铃响后，却不见董老师前来。当时，我个子较矮，座位在课室最前边的一排。等候了一会儿，我觉得无聊，便跑到课室门口，往走廊左右一瞧，没看到董老师的人影，于是回转身来，学着董老师走路的样子，半弯着背，大摆着手，走上讲坛，学着董老师把书本向桌子上一放，然后用手指擦擦鼻子下面的胡子（董老师当年是留着一撇胡子的）。同学们见状，哈哈大笑，我也得意得很。突然，笑声停住了，我扭头一看，原来董老师站在课室门口，正看着我在装模作样。我吃了一惊，立刻走回自己的座位，头也不敢抬，装着认真记笔记，其实心中就像有十五个吊桶打水——七上八落，不知董老师对我会有什么样的处置。终于熬到下课，同学陆续走去室外休息，我也想趁机开溜。谁知道，董老师叫了我一声："黄天骥，你留下来！"我心里一惊，暗叫"我死也"！这回即使不记过，也要写检讨。正忐忑间，董老师来到我的身边，对我说："我看你的模仿能力很强，不如跟我学戏剧吧！"我一怔，立刻像捣蒜般点头。随后，董老师走了，我却在座位上站不起来，我怎样也想不到，董老师不仅没有批评我，还从我的错误行为中，观察到我的能力。这时候，我既后悔，又自责，都是大学生了，怎么还改不了中学时顽童的习气。更重要的是，董老师对学生的教育和宽容，让我十分感动，我知道了什么叫师德和师风。他教育学生，爱护学生，因材施教，对我后来所从事的教育工作，有很大启发。

后来，我常到董老师家里求教。他指导我看剧本和戏剧理论书，并教我如何看待剧本和舞台的关系。当他在导演学校剧团演出的由京剧《借靴》改编的话剧时，让我坐在他身旁，观察他如何分析角色，如何导演，如何选择服装和道具，等等。1956年，我毕业留校，和他接触的机会更多，他又让我到一些剧团实习，直接学习和参与编导等工作。这是后话。

由于在大三下学期，我改变了学习的重点，在大四撰写毕业论文时，我便选择研究古代戏曲的问题。我毕业论文的题目是《历史原型与艺术真实——略论〈桃花扇〉的创作特征》。当年，本科生的毕业论文，需要通过答辩。主持我的论文答辩老师，是詹安泰、董每戡、王季思（王起）三位教授。三位教授一致将我的论文评为优秀。后来，这篇本科毕业论文发表于《中山大学学报》1958年第1期。这篇论文为我后来撰写纳兰性德的论著奠定了基础。这样的机遇，我在当时是完全没有想到的。

1957年，董老师被错划为“右派”，辞职随董师母回到湖南长沙，生活苦不堪言。后来，改由王季思教授指导我研究古代戏剧。王老师也是著名的古代戏曲研究专家，以《西厢五剧注》称誉于世。1960年，他接到高等教育部编写《中国古代戏曲选》的任务，并把其中一些具体工作交由我和师兄苏寰中负责。他认为我“屁股尖，坐不住”，专门挑拣一些比较困难的剧目，让我校勘和注释。在那三年里，我和苏兄天天都要到王老师的家里上班。严格的训练为我以后能比较仔细阅读诗文，打下了基础。

1966年，“文革”开始，在大学里，红卫兵首先斗争“走资派”和“反动学术权威”。那时，我是青年教师，家庭出身虽不属“地、富、反、坏、右”，却也不是“红五类”，实际上，我属于躺平的“逍遥派”。其后，街道上也搞起“文革”，要“破四旧”，一些中学生红卫兵，可以不问情由，到处抄家。当时，我已住在中大的教工宿舍，宝源正街的老家，则由妹妹居住。有一天，我回到老家，发现街道上的红卫兵已来过“破四旧”了。妹妹告诉我，红卫兵把父亲留下的书籍作为“四旧”全部抄走了。我赶紧跑到书架前查看，只见三个书架，共十二格，全部空空如也！其中包括父亲买的一整套木刻版的《十三经注疏》，和当年祖父为了奖励我专门给我买的一套线装本的《杜诗镜铨》。面对空荡荡的书架，我真是欲哭无泪。

我在妹妹家坐了一会儿，便准备返回中大。临行前，我忍不住再度抚摸父亲遗下的书架。突然间，我摸到在格子最里侧嵌着的一本书。我连忙掏出，一看，是一本线装本的《饮水词·侧帽词》，这正是纳兰性德的词集。这本书的封面紧贴格边，其封底的颜色和书架的颜色一样，红卫兵因为看不清楚，没有摸着，于是，它成了漏网之鱼。当时，我赶紧把这本父亲遗下的唯一一本书，带回中大宿舍。

那天晚上，我打开这本纳兰性德词集，想看看父亲有没有留下什么笔迹，谁知道，一个字都没有。倒是在好几首词的词牌上，用铅笔画了一个圆圈。我仔细阅读这些被画了圆圈的词，原来全属悼亡词，是纳兰性德悼念他亡妻卢氏的词。卢氏去世时25岁，我妈妈去世时，也是25岁。我猛然醒悟，父亲收藏和阅读《饮水词·侧帽词》，正是在寄托他对我妈妈的哀思。于是，我把这本词集珍重地保存好。这意外的收获，是父母亲遗下给我唯一可作纪念的物品。至于父亲为什么会知道纳兰性德的词，而且知道他以悼亡词著称于世，这显然是与其听过陈洵先生的讲授，有直接的关系。

时间过得很快，1976年“文革”结束，转眼到1979年。大概是在三四月间，王季思老师通知我，抽空到他家里，有事需要一谈。原来，他接受了辽宁省《社会科学战线》杂志的邀约，将撰写一篇有关孔尚任和《桃花扇》的论文。当年，该杂志每期出版厚厚的一本，据说它提出了“多而精”的编辑方针，约请了不少名家撰稿，颇受学术界称誉。王老师是研究古代戏曲的名家，在20世纪60年代，曾出版过《桃花扇校注》。该杂志专程约请他撰写这方面的论文，自然可以理解。我到了王老师家里，他向我谈及杂志约稿的情况，我以为他想让我帮助他找些与此有关的资料。谁知他对我说：“你的毕业论文写的是有关《桃花扇》的问题，现在杂志来约稿，那么，先由你写初稿，然后由我修改，写好后联名发表。”我遵从老师的吩咐，回到家里，开始重新对孔尚任和他的创作展开研究。

过了三个月左右，我把写好的初稿，送到王季思老师家里。又过了两天，他让我到他家，我以为他要谈关于文章初稿的修改问题，谁知他说："我知道你写文章笔头较快，正在奇怪你这篇稿子为什么拖了三个月。现在看到你写的这篇稿子，的确需要这么长的时间。"接着，他又说："你对《桃花扇》的理解，完全超过我了，所以我完全没有修改。这篇文章，就由你单独署名发表。"我一听，赶紧说："这怎么行？杂志是向您约稿，怎能由我单独署名？"王老师说："文稿已替你签了名，并已由海燕寄出。"（海燕即王师母，在中文系办公室工作）他这么一说，我也无话可说，坐了一会儿，便告辞回家。

过了两周，王老师忽然由王师母搀扶着，来到我的宿舍。坐定后，他很高兴地告诉我，《社会科学战线》的主编来信了，说你的文章写得很好，决定采用了。然后，他把信交给我看。这信是用毛笔书写的，一共有四张信笺。其中写了许多对文章的过誉之辞，还祝贺王老师培育有方，能教出有水平的学生云云。我看完，把信交回给王老师。当时，知道文章将被刊出，内心也是颇为兴奋的。

又过了一个月，一天，我下课后回到中文系办公室，收到了由《社会科学战线》寄来的一个大信封。我以为他们给我寄来了一份杂志，打开一看，原来是我那篇论文《孔尚任与〈桃花扇〉》的退稿。老实说，当时我实在生气。我想，该编辑部一方面在寄给王老师的信中，把这篇稿夸得天花乱坠；一方面不到一个月，就把稿件退回，这玩的是什么把戏？一气之下，我裁开大信封，将其翻转过来，糊成新的信封（那时中文系经费缺乏，连大的信封也没有），写上《文学评论》杂志的地址，把文稿套了进去，再糊封好。回家的路上，我将文稿顺手塞进了邮箱。至于这退稿的事，我也没有告诉王老师。这应该是1979年11月中旬的事。

转瞬到了1980年，有一天，王老师又把我找去，他打开《文学评论》杂志，笑着问我：怎么这篇稿子会发在这里？我只好把事情的原委告诉给他。他高兴得很，认为《文学评论》的影响在全国更大。那时，我的经济能力，还不容许我订阅杂志，而王老师却订有，因此，是他首先发现了这篇稿件的刊载。后来才又知道，《文学评论》收到我的稿件后，立刻决定发表于1980年第1期，为了解决版面的问题，还硬是压下了一位专家的稿件，先发表我的文章。我想，这也许是为了培养青年学者的需要吧！

拙稿发表后，据知在古代文学领域中，产生了较大的影响。不久，《社会科学战线》的编辑部寄给我一封信，并让我转达王老师。信中写道，原来写信给王老师的那位主编，因被调任赴京，走得匆忙，没有和后任接手的主编及时沟通。后任主编认为，刚在前两期的杂志上发表过有关《桃花扇》的文章，不宜再讨论这一问题，便把我的稿件作退稿处理。现在知道我的文章在《文学评论》发表，知道了文章的质量，深表歉意云云。又过了半个月左右，一位叫毕万忱的同志代表《社会科学战线》来信，说他们准备在长春召开推进中国古代文学研究的学术会议，邀请十位专家参加，其中有程千帆、杨公骥、吴调公、郭预衡、张松如（公木）、王季思等九位老专家，最后一位是我。前边的九位，都是著名学者专家，他们的著作，都是我学习过的。我也明白，他们让我陪坐末席，主要是让我照顾王老师，也有给予我补偿和学习的意思。

王老师和我到了长春，和其他八位老师，一起入住长春第一招待所。在三天的会议期间，我向诸位前辈学者学习，获益良多。会议结束后，《社会科学战线》的主编和毕万忱同志来到了我住的房间，我赶紧起身迎接，闲聊了几句后，主编便要求我，在近期给他们的杂志提供一篇论文，以便发表。我吃了一惊，因为毫无思想准备，而且近期任课也多，恐怕抽不出时间撰写论文，于是表示为难，敬谢不敏。可是，主编和毕万忱同志一再邀请，我实在没有办法，只好说："贵刊是北方的大刊，我是南方人，对北方情况不熟悉，很难找到合适贵刊的论题。"他俩硬是表示没有问题，写什么都可以。这时候，我又半开玩笑地说："东北出过纳兰性德，总不能让我这南蛮，去写纳兰性德的研究论文吧！"这话本来是语出无心，谁知刚刚脱口，毕万忱等两位立刻抓住，表示这"好得很，您就写这个问题"！我还想分辩，可是，他俩就是不肯放过，还说不限时间，不限字数，寄来立刻发表。这时候，我实在无法推辞，也想起家里有父亲遗下的《饮水词·侧帽词》，就只好答应了下来。

回到康乐园，我找出放在书架上的纳兰性德词集，一面认真阅读，一面搜索有关资料，不久写成了《纳兰性德和他的词》一文。该文很快就在《社会科学战线》1982第2期上发表。同时，我也准备返回古代戏曲领域，另外做一些研究。谁知道，就在文章发表不久，一天黄昏，广东人民出版社社长杨重华来访。他是有名的出版家，也是早年毕业于中山大学的老学长。甫一坐下，他便开门见山地说："我刚看过你在《社会科学战线》发表的论文，很不错。你就按这论文的观点和结构，写成一本论著，书名就叫《纳兰性德和他的词》，尽快交给我出版。"我又惊又喜，于是抓紧工作，大概用了大半年工夫，书便写成了，并在1983年10月出版。

当年，为了研究纳兰词，我对父亲遗下的《饮水词·侧帽词》一书，反复阅读。一边读，一边随手在书上用红色圆珠笔记下自己的心得。后来拙著出版，有人看到了我父亲遗下的本子，以为上面的批注是我父亲写的，以为我"剽窃"父亲的

“心得”而又不作说明，起码有“不孝”之嫌。其实，只须细看就会发现，书上的批注全是我的手迹，用的也是简体字。而在先父生活的20世纪30年代，根本不可能使用简体字，想到消谤者的“疏忽”，也只好付之一笑。不过，我倒真想父亲在书上留下批注，哪怕只是一点一滴，也能让我多少知道20世纪30年代的读书人对纳兰词的看法，这也许会使拙著写得更深刻一些。可惜，不知道先父为什么一个字也没有写。

《纳兰性德和他的词》这本小书，算是我出版的第一本论著，我之所以会写成这本著作，带有许多偶然性成分，而在偶然中，又有必然性。文章开头所说那位朋友不是问我，这本书的出版，和陈洵先生有没有关系吗？如果说一点关系也没有，似也不是。因为如果不是先父向陈先生学习过词学，他未必会买《饮水词·侧帽词》，作为悼念先母的寄托。如果我不是继承父业，报考中山大学中文系，接受过詹安泰教授的指导，也不会研究诗词。而詹老师恰巧和陈洵先生有所交往，他们都是有名的南国词人，同时，詹老师又是接陈洵先生之手，在中大负责讲授词学。在这方面，我又多少和陈洵先生沾上了边。另一方面，如果不是董每戡老师对学生的宽容和因材施教，我不会转为学习古代戏曲，研写《桃花扇》的毕业论文。也由于我在中学阶段爱好音乐和艺术，才有助于我产生学习诗词和戏曲的兴趣，所以，当王季思老师着我研写《孔尚任与〈桃花扇〉》的论文时，我能够较好地完成工作。当然，如果不是他注意栽培青年教师，便不会出现后来一连串的故事，乃至于让我接受了撰写《纳兰性德和他的词》的论文和论著的任务。

当我在回忆这本小书的产生，以及自己成长的过程时，发现有许多地方，是侥幸地碰上了机遇。这里面，有必然性，也有偶然性。因为陈洵先生是先父的老师，先父才会收藏纳兰词用以悼念自己的亡妻，这是必然的。我在中学时受到较好的语文和艺术锻炼，在大学阶段，受到詹安泰老师的教导，特别是得到董每戡、王季思老师的栽培，中山大学这些传统学风的熏陶，让我有所感悟，这一切，是必然的。在“破四旧”时，红卫兵把我家的藏书全部抄光，却偏偏遗漏了《饮水词·侧帽词》，让我对纳兰性德有所认识，以至在长春冲口而出提起他的名字，这则完全是偶然的。也许，这些都是命运的安排吧！换言之，我受到祖德师德的沐浴，才能在学业中，获得寸进的机会。

近代广府文人的海外竹枝词

张奕琳

近代广府文人的海外游踪

晚清以降，随着对外交往的日益频繁，越来越多文人士大夫或因公或因私走出国门，旅居海外，其中就有不少广府人（本文主要指籍贯为广府的人士，以清中期广州府所辖范围为准，包括南海、番禺、顺德、东莞、从化、龙门、增城、新会、香山、三水、新宁、新安、清远、花县，以及香港、澳门、佛冈、赤溪）。这也和广府自古对外交往频繁、民风开放有关。例如近代中日文化交流先驱者罗森（？—1900），

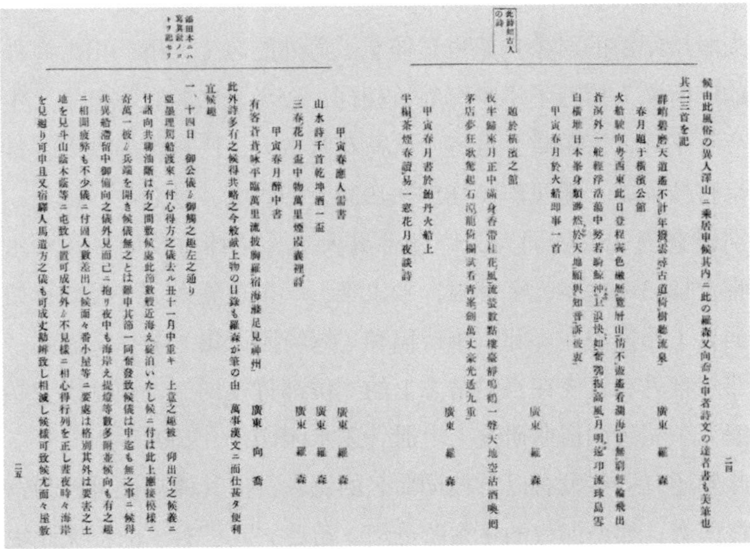
二四

羅森紀古人の詩

候由此風俗の異人洋山ニ乗居申候其内ニ此の羅森又向喬と申者詩文の達者書も美筆也

其二三首を記

群蛸碧磨天道遙不計年撥雲尋古道倚樹聽流泉 廣東 羅森

春月題于横濱公館

火船駛向粤西東此日登程霽色濃歷覽層山情不盡遙看瀾海目無窮雙輪飛出蒼溟外一舵輕浮浩蕩中努若鯨沖千浪快如鶯鶚振高風月明遥印流球島雪白横堆日本峯身類渺然於天地願與知音訴夜衷

甲寅春月於火船即事一首 廣東 羅森

題於横濱之館

夜半歸來月正中滿身香帶杜花風流螢數點樓臺靜鳴鶴一聲天地空沽酒喚回茅店夢狂歌驚起石泥龍倚欄試看青峯劍萬丈豪光透九重

甲寅春月書於飽丹火船上 廣東 羅森

半榻茶煙春讀易一窓花月夜談詩

二五

添田本ニハ寫眞紋ノコトヲ記セリ

甲寅春應人需書 廣東 羅森

山水詩千首乾坤酒一盃 廣東 羅森

三春花月壺中物萬里煙霞嚢裡詩 廣東 羅森

甲寅春月醉中書

有客苦吟平臨萬里流披胸羅宿海灑足見神州 廣東 向喬

此外詩多有之候得共略之今般献上物の目録も羅森が筆の由 萬事漢文ニ而仕甚タ便利宜候趣

一、十四日 御公儀ゟ御觸之趣左之通り

亞墨理駕船渡來ニ付心得方之儀去ル丑十一月中重キ 上意之趣被 仰出有之候義ニ付諸向共聊油斷は有之間敷候處此節數艘近海え碇泊いたし候ニ付は此上應接模樣ニ寄萬一彼ゟ兵端を開き候儀無之とは難申其節一同奮發致候儀は申迄も無之事ニ候得共異船滯留中御備向之儀外見而已ニ拘り夜中も海岸え提燈等數多附並候向も有之趣ニ相聞疲弊も不少儀ニ付國人數差出し候面々番小屋等ニ要處は格別其外は要害之土地を見斗山蔭木蔭等ニ屯致し置可成丈外ゟ不見樣ニ相心得行列を正し晝夜時々海岸を見廻り可申且又宿驛人馬道方之儀も可成丈勘辨致し相減し候樣可致候尤面々屋敷

《亚墨理驾船渡来日记》中收录的罗森行记

就是广东南海人，他撰写了近代中国第一部日本游记《日本日记》。1853年，美国东印度舰队司令佩里提督率领黑船舰队强迫日本打开国门。1854年，佩里再次率领舰队来到日本，罗森应他朋友——美国传教士卫三畏的邀请，以翻译官身份随同舰队一同赴日。到了日本后，罗森与日本人诗书交游，颇受日本人追捧。又如晚清派驻、出访外国的官员中也有不少广府籍人士，仅以甲午战争后赴日考察的官员为例，就有南海人黄璟（1841—1924，1902年赴日考察农务）、南海人关赓麟（1880—1962，1902年赴日考察教育）、番禺人金保权（生卒年不详，1904年赴日考察）、番禺人许炳榛（生卒年不详，1904年赴日考察商务、1905年赴日考察矿务）及香山人刘学询（1855—1935，一说1860—1936，1899年赴日考察商务）等。

书写风土人情的竹枝词

赋诗纪游一直是中国文人士大夫之雅趣，近代文人士大夫赋诗纪游的对象自然也延伸至了海外的风土人情。出游海外的广府文人撰写了不少海外竹枝词，较为著名的有陈道华（生卒年不详，字堇堂，号三十六荷花院主人，广东番禺人）《日京竹枝词》、潘飞声（1857—1934，字兰史，号老兰、剑士，别署老剑、说剑词人，广东番禺人）《柏林竹枝词》及邓尔雅（1883—1954，字季雨，号尔雅，广东东莞人）《委奴竹枝词》（邓进滔在《邓尔雅诗稿和〈绿绮园诗集〉》一文提到，邓尔雅另有发表在当时杂志上的《倭都竹枝词》，详见杨宝霖编《东莞诗词俗曲研究》上册，乐水园印行，2002年版）等。此外还有一些没有以竹枝词命名的诗歌，但其体裁仍可视为竹枝词者，如金保权的《东游诗记》组诗，其二有“前贤无此纪行诗，听我和歌唱竹枝”句，可见作者在写作时是带有一定的竹枝词创作意识的。

诗人们为何不约而同地选择竹枝词来纪游呢？这就要谈到竹枝词这一独特的文体了。竹枝词本源自巴蜀地区民歌，北宋郭茂倩《乐府诗集·近代曲辞》辑录有唐代顾况的《竹枝》，注云：“《竹枝》本出于巴渝。唐贞元中，刘禹锡在沅湘，以俚歌鄙陋，乃依骚人《九歌》作《竹枝》新辞九章，教里中儿歌之，由是盛于贞元、元和之间。”可见，竹枝词和一般抒情言志的诗歌不同，多是用来记录风土人情的，而且语言风格多以口语、俗语、方言入诗。清代学者王士禛在《带经堂诗话》中谈到竹枝词与一般绝句的区别时说：“《竹枝》咏风土，琐细诙谐皆可入。”他还说到竹枝词“其词稍以文语缘诸俚俗，若太加文藻，则非本色矣”，就算是学养深厚的文人来写竹枝词，也不必典雅，过分修饰就不是竹枝词了。竹枝词的文体特征，适合叙事纪游，而其语言风格也与近代文人所倡导以口语入诗的“诗界革命”主张相契合，无怪乎文人们在游历海外时都喜欢用竹枝词来抒情言志了。

最早用竹枝词写异国风光的，还不是走出国门的文人。早在清朝初期，尤侗（1618—1704）在编修《明史》之余，就利用手头文献，创作了与朝鲜、日本等国有关的《外国竹枝词》百首：“既纂《外国传》十卷，以其余暇，复谱为竹枝词百首，附土谣十首。”（尤侗《外国竹枝词》，中华书局，1991年版）最早期海外竹枝词的作者很多都

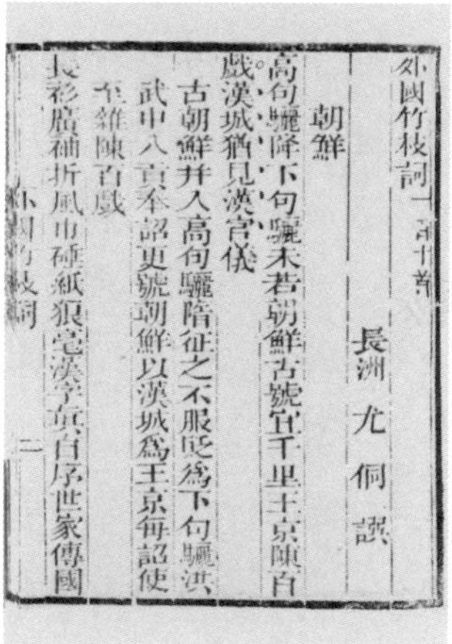
外國竹枝詞
長洲 尤侗 譔
朝鮮
高句驪降下句驪末君朝鮮古號宜千里王京陳百戲漢城猶見漢官儀
古朝鮮并入高句驪隋征之不服貶為下句驪洪武中入貢奉詔更號朝鮮以漢城為王京每詔使至雜陳百戲
長衫廣袖折風巾硾紙狼毫漢字真自序世家傳國
外國竹枝詞 二

尤侗《外国竹枝词》书影

是像尤侗这样，在千里之遥借助文献去想象异域风光。而到了近代，得交通之便，诗人创作海外竹枝词便多取材于亲历亲闻了。金保权游历日本而作《东游诗记》，其二便云：“前贤无此纪行诗，听我和歌唱竹枝。莫信西堂丰太阁，今人不被古人欺。”自注曰：“尤西堂有《日本竹枝词》，述丰太阁事失实甚矣。”颇为自得地表示自己诗作的纪行属性，绝无尤侗竹枝词之失实。近代广府文人用竹枝词载录自己在异国他乡的所见所闻，同时也展现了在思想文化新旧交替、东西碰撞的近代，文人士大夫对异域文化的看法。

海外竹枝词中的异域名胜风俗

广府文人在游历海外时，最受震撼的当然是异于中华文化的风土人情，海外竹枝词中最常见的书写对象便是当地特有的名胜名物和风俗习惯。在日本相关的竹枝词中，日本著名的富士山、樱花在文人笔下别有一番风味。如陈道华东游，感叹“瀛岛樱花，瞬看两度”“海客余谭，雪泥一梦耳”，于是“就草成编”，著《日京竹枝词》。（陈道华著，李长林校点《日京竹枝词》，岳麓书社，2016年版；《日京竹枝词》引文均出自此版本，下不赘注）他写富士山：“雪积莲峰暑亦寒，丽人公子旅行欢。莫将红豆调冰水，过冷心肠热戾难。”写樱花：“樱花开到八重球，春气成霞夹水流。傍晚有人江户上，万红深处荡轻舟。”荡舟赏花，悠然自得。同样写樱花，金保权《东游诗记》则写出了日本人赏花的狂热：“清游相约拜花王，士女如云国若狂。为问世间何处有，仙根只许种仙乡。”并注云：“樱花为五大州所无，日本人呼为花王，余至上野看花，游人如蚁。”除了樱花外，还有很多花卉也为日人所重，例如作为皇室象征的菊花。日本人养菊，赏菊，制作各类菊花

笔者2023年10月底在东京明治神宫拍摄的布置中的菊花展

酒食，还将重阳日定为菊花节。邓尔雅在《委奴竹枝词》中写道：“牡丹踯躅各雄妍，菊类尤繁子目千。归去甘为彭泽令，兼收异种植篱边。”（邓尔雅《委奴竹枝词》，载邓尔雅著、东莞市政协编《邓尔雅诗稿》，广东人民出版社，2007年版；《委奴竹枝词》引文均出自此版本，下不赘注）提到了在日本收获异种菊花之欣喜。邓尔雅赋写日本名物时，还从竹枝词本色的男女恋情入手，并结合当地谣谚，颇有趣味。其写荞麦云：“信州荞麦好油油，迟煞情郎镇日愁。更祝情郎似荞麦，年年颜色有新秋。”晚清大臣王之春赴日调查日本形势，著有《谈瀛录》，其中就提到日本有关荞麦的谚语：“‘信州好荞麦，情郎好颜色。不食麦犹可，迟郎愁煞我。’盖信州产面，色白胜雪，世所珍贵，故以为喻也。”可参照阅读。

除了享誉海外的风光名胜外，有些仅闻名于当地的景色，亦会被纳入竹枝词的吟咏对象中。例如东京的不忍池，位于东京上野公园内，又名小西湖，风光颇与杭州西湖类，也是中、日文人士大夫雅集唱和常选之地。香山刘学询便称赞道：“四面荷花，一堤杨柳，夕阳初下，雨送秋来，风景殊胜。”（刘学询《游历日本考查商务日记》，《广州大典》第202册，广州出版社，2015年版）于水光潋滟之佳景处或是诗酒唱和、吟咏风流，或是独自徘徊、自闲风月，正是文人传统雅趣，亦难怪赴日文人们念念不忘，几乎都在笔下留下了不忍池的身影。邓尔雅赋云："木苏苏外水苏苏，如此风光未必无。底事相干卿不忍，小名故意号西湖。"而金保权则更进一步将不忍池与杭州西湖联系在一起："波光朗处万花扶，楼阁参差入画图。苏白风流谈往事，此间合署小西湖。"自注云："上野之旁有曰不忍池，一名小西湖。"用传统吟咏杭州西湖常见的"苏白风流"（即苏轼与白居易）意象入诗。陈道华写不忍池则将其置于离别之情中，曰："难再相逢缓别离，柳栏风晓立多时。荷花欲语怜人意，露泣珠啼不忍池。"其自注更类游记："东方既白，余兴悠然。彼姝者子每至上野公园一游而别。园南有不忍池。夏时水柳掩碧，风蕖飐红，花树因人依依其意。"

广府人的海外竹枝词除了吟咏当地名胜外，对异域特别的风土人情亦有描述，如潘飞声寓居德国柏林时，有感于西方携带《圣经》礼拜祈祷的宗教活动，赋诗云："经堂晨诣各携书，祷告低鬟向紫毹。博得玉人齐礼拜，欧洲艳福是耶稣。"（潘飞声《柏林竹枝词》，载《说剑堂集》，《广州大典》第102册，广州出版社，2015年版；《柏林竹枝词》引文均出自此版本，下不赘注）潘飞声又有写欧洲人过圣诞节时燃松树灯以及女子在宴会上"戏摘花瓣为舟浮水验其所止方向，以卜择配之所"的风俗的："雅剧兰闺引兴长，耶苏生日夜传觞。绿松灯下花船影，应喜佳人得婿乡。"又如邓尔雅写日人取名习俗："复姓胡为五字长，三郎称谓太郎当。"除了这类概述式叙事外，也有对细节的描摹，如陈道华写日人入室脱靴习俗："商女殷勤留远客，缓教金札换乌靴。"捕捉到了食客脱靴后领取靴券，出店时以券领靴这一细节。

掌中東京名所圖繪

谷壯太郎著

不忍池

年間の作なり○不忍の池ハ東叡山の麓にあり廣袤十町許池中蓮多く花の頃ハ紅白艶を争ひ近頃四圍に柳を植へ殊更景色宜し○弁天ハ不忍池中の半島にあり昔ハ島嶼なりしが今ハ地續の半嶋となり便利よし茶店酒肆ありて夏涼秋月宜しく詩人墨客の雅集若蕪絲竹の會なり催す處たり紫銅華表の額ハ廣沢の書なり○教育博物館ハ勧業博物館に向ひ左の方にあり縦覧ぶし○瑞林寺ハ上野清水門の北一三丁にあり

明治时期出版的东京游览名所指南《掌中东京名所图绘》中对不忍池的介绍

海外竹枝词中的新事新风

对于近代文人士大夫而言，欧美和经历了明治维新的日本，是如梁启超所言的“文明地”。梁启超在《新大陆游记自序》中，载其友人徐勤言说撰写美国游记之难，曰：“凡游野蛮地为游记易，游文明地为游记难。”“文明地”代表的是新知识、新思想、新制度，很多文人士大夫本就抱着师夷长技的考察目的漂洋过海，他们在游历中也多会观察当地的社会思潮、政治制度、科学技术，搜集各类新学、新知入诗。金保权《东游诗记》就有不少以电车、电话、瓦斯等新科技事物为吟

柏林大学东语学堂讲师合影，前排左一为潘飞声

咏对象的诗句，如写电车："电车风迅六街驰，电力施从两线奇。知止有场行有节，长房缩地转嫌欺。"此外，他们也十分关注相关的政治、教育等制度，金保权称赞日本盲哑学校教育："盲能识字哑能言，洗尽人间不白冤。"陈道华载录了日本法律改革先仿效法国，后又以德国为师之事："佛界于今说法差，海航人采柏林花。少年博士东归日，昂首高坛讲国家。"

这些新制度、新事物，往往难以在短短二十八字内详作解释，于是不少竹枝词都会附有作者冗长的自注。如潘飞声状柏林女子读书风貌曰："蕊榜簪花女塾师，广栽桃李绛纱帷。怪他娇小垂髫女，也解看书也唱诗。"其自注云："德国幼女至七岁，无论贫富，必入塾读书，兼习歌调，故举国无不知书能歌者。塾中女师，亦须考授。"读者要从注释中才可感受到德国义务教育制度无分性别、贫富的先进色彩。金保权有描写电话的竹枝词："一轮机轴一声筒，顷刻传情两地通。烟火万家都咫尺，俨如清话月明中。”自注云：“电话所通之处约万五千家，设有电话交换局五所。凡所通之处，编为号数，各执一簿，如欲通话，即摇电机。局分总号线若干，接之于案上，一机轴动，以耳筒听之。告以某号，即以某号支线接之于某号孔，其孔如笔管，以木为架，布列其中，高约四尺，阔四五丈，望之如蜂巢。然无论远近，不异面语，交换以高等小学校女学生司其事。”诗句抓住了电话千里顷刻可传音这一最传神的特征进行艺术化处理，颇有“千里共婵娟”之意境。而注释则不仅详细介绍了电话的工作设备、工作程序，还介绍了日本电话普及程度以及从事电话交换工作的女学生等，既展现了日本对新技术的应用，又赞扬了日本女性独立工作的开放思潮。诗句加上自注，使得艺术抽象与新知普及合而为一，让读者对异域的文明新风有了更充分的了解。有些自注甚至起到了补充作者观点的作用，如上文提及的陈道华写日本维新法律改革事，诗句褒贬色彩不明显，但此诗的注释云：“日人维新法律初效法兰西，今则改称德意志，一时风靡。留学辈新得博士而归者，每开坛演说趾高气扬。”从自注中，可见作者对日人以追慕西欧、留学等风潮为尚，并因此而趾高气扬者，颇有点不以为然。

日本明治时期女学生制服

海外竹枝词中的新词语

“诗界革命”的倡导者黄遵宪认为，现今社会已异于旧时，作诗亦应异于古人。他在《人境庐诗草自序》中言诗之述事：“举今日之官书会典方言俗谚，以及古人未有之物，未辟之境，耳目所历，皆笔而书之。”（黄遵宪著，钱仲联笺注《人境庐诗草笺注》，上海古籍出版社，1981年版）竹枝词要展现异域种种国人前所未见之新事物，便难免用到各类新语。这些新语，一类是“电车”“新闻”“维新”“天主”“国民教育”“五大洲”等政治、法律、科技、文化、宗教类的新词汇，如“瓦斯映出字高悬”（《东游诗记》）、“四路铃声号外新”（《日京竹枝词》）、“未把痴情诉天主”（《柏林竹枝词》）等；或是新时代的惯用语，如“欧风美雨势飞扬”（《东游诗记》）等。

另一类入诗的新语则是舶来词，竹枝词惯有以当地方言入诗者，如清代李调元《南海竹枝词》有“樱桃黄颊鲥尤美，刮镬鸣时雪片轻”句，“镬”便是粤语常用字。表现在海外竹枝词中，方言便变成了音译舶来词了。赴日的文人撰写竹枝词，因日语多习用汉字，往往直接以汉字入诗。如写日本饮食的“东洋料理更西洋，交错觥筹次第尝”（《东游诗记》），“料理”一词为日语汉字词，即烹饪，与汉语词本身含义不同。又如写男女感情的“唱随自是东方俗，奥样难为唤旦那”（《委奴竹枝词》），“奥样”“旦那”均是日语汉字词，是“夫人、太太”和“丈夫、老爷”的意思。而欧美竹枝则需将英文词汇进行音译，如潘飞声的“异种莲称墨利加，钵丹亭子最清华”（《柏林竹枝词》）中“墨利加”应是“Merica”之类英文名词的音译。又潘飞声写柏林茶肆云：“省识群花待客期，架非庖与架非基。泥人更爱游斯地，密订缠头未可辞。”

自注曰：“架非庖、架非基、游斯地皆茶肆之最盛者，入夜诸妓云集以待客。”可见“架非庖、架非基”估计是与咖啡相关店铺的音译。

西语入诗并非易事，李伯元《庄谐诗话》中便云：“作诗用西语，最难妥适。缘西语侧重译音，率粗犷艰涩，无一堪供诗料也。”其批评某西洋竹枝词“满纸蛮语，无复文理，直一英文读本耳”。唯称道宋石子《香港永安阁中和月渔先生》二绝是“差强人意”：“仅记后一绝，云：‘潮打黄昏海色凄，一楼风雨澳门西。愁听架上红鹦鹉，语学西洋的令低。’自注云：‘的令，饮也；低，茶也。’英吉利语极无谓，而以蕴藉出之，斯为绝技。”这里的“的令低”应即英文“drinking tea”之意。诚如李伯元所言，从艺术创作角度而言，音译词文学价值不高，也难以渲染诗境。但作为知识而言，音译词有着“英文读本”的学习价值。杨少坪于1873年在《申报》上

莫因口腹遠生風學校菜蔬萊菔數片紅豆一盤而已無他物也我國學堂因飲食而滋訟者屢矣惜不令來一觀也
瓦斯映出字高懸過此如登不夜天天上月圓還有缺
人間終古月長圓過商品陳列所門外懸瓦斯燈映出牌匾五字遙望之如月然夜夜如此
騎驢詩思灞橋中遊到蓬山景不同未坐春風須立雪
靜從吾道悟天工正月十七日大雪是晚爲教育選科開校之期
經天緯地建奇功都在國民教育中我亦隨人參末座
寒燈五夜侍春風教育選科附屬於經緯學堂以夜爲學入校者皆我國人余亦入焉
批風抹月任婆娑花木池亭點綴多遊戲精神資海戰
《東遊詩記》 四
先從平地試風波過日比谷公園見兩屬體育會用大木一條懸空離地人立木上搖動而行如在舟中遇風浪習慣便不暈船
東洋料理更西洋交錯觥籌次第嘗畢竟支那風味美
調羹手段說吾鄉酒館日料理屋有支那料理東洋料理西洋料理之分支那料理多吾粵人所開東人呼中國人曰支那人
國光館裏一開遊觸目情生我欲愁國恥不知何日雪
滿腔熱血痛神州過國光館見所列軍械旗幟及各國著德政牌匾皆甲午年得之我國者彼之光我之恥也不忍卒覯
繪出遼陽大戰圖槍林彈雨血模糊試從天演尋優劣

中国国家图书馆·中华古籍资源库所收录的金保权《东游诗记》（光绪年间刻本）

刊载《别琴竹枝词》，便记录了大量这样的“洋泾浜英语”，如“算盘别号康丁傍，薄克鸡排是账房”（周振鹤《别琴竹枝词百首笺释》，载《随无涯之旅》，生活·读书·新知三联书店，1996年版）等。诗家在运用新词的过程中，其实是将他者的知识、文化纳入了自己的文化体系中，竹枝词中舶来词的出现，不仅有利于知识的传播，更展现出诗家对外来文化的接受心态。寓居海外的广府文人士大夫，他们观察着新事物、感受着新思潮，在不断地吸收这些来自外部文化体系的知识、思想的同时，也通过各种文学形式，将知识介绍给国人，以图开启民智。

海外竹枝词的传统色彩

近代广府文人在旅居海外时，搜集到了各种不同于中国传统文化的“新”“异”事物，但在对这些事物进行解读时，往往使用的是自身文化，表现在诗歌中，便是中国传统诗歌意象的使用。如潘飞声写欧洲的新婚礼服习俗云：“洒衣香露似花云，云影衣裳月色裙。恰是小乔初嫁服，莫将新寡误文君。”自注云：“西俗尚白，妇人新婚衣履皆白色。”在体现中西嫁娶文化对颜色取尚之不同时，运用了小乔初嫁、文君新寡这两个中国传统意象。潘飞声另一首竹枝词写妇人到画院临摹人体油画，云：“画里云烟任对摹，通灵妙腕属名姝。写真别具丹青笔，羞仿华清共浴图。”用杨贵妃沐浴华清池的典故，让读者一下子就领会到所临摹的人体出浴图之风貌。用中国意象写西洋事还能形成一种艺术反差，使诗句读起来更有趣味。潘飞声某首柏林竹枝词云：“几日兰闺刺绣成，吴绫蛋盒载糖橙。却劳纤手亲相赠，佳节耶稣庆更生。”兰闺、吴绫、糖橙、纤手，颇得清真词“纤手破新橙”之韵味，但读到末句“佳节耶稣庆更生”才知原是描绘复活节互赠复活蛋的风俗，为诗歌注入了西洋新意境。而在描写爱情、别离、冶游等人类共通的情感时，表述更是与中土并无二致。如陈道华写日本官娼制度云：“吉原门路接横塘，花里秋灯隐妓堂。奴抱琵琶年十五，新承官许作鸳鸯。”（《日京竹枝词》）潘飞声写男女消夏会游园云：“油壁青骢踏软尘，郊原消夏胜嬉春。海山自是无遮会，飞过鸳鸯不避人。”（《柏林竹枝词》）

用中国典故写异域事，用自身经验去展现他者文化，一方面既让读者容易理解，另一方面也未尝不是游子思乡之情的表现。郭少棠在论行游文化时认为，当人跨出自己熟悉的文化领域时，会产生一种文化失落感：“行游者的文化失落常常不是导致对异文化的迅速适应，而是对自身原有文化的顽强固守。”（郭少棠《旅行：跨文化想像》，北京大学出版社，2005年版）诗家面对异域文化虽然多是带着接受与学习的心态，但客居异乡，也难免下意识地寻找自己熟悉的事物，从而消解在异域的文化陌生感。

用自己熟悉的文化概念去解读异域事物，在旅居同属汉文化圈的日本时，体现得更为明显。若说对于欧美文化，文人们多强调其与中华文化的异质，而在观察日本时，文人们则往往留意到文化的同质性，邓尔雅的《委奴竹枝词》尤为明显。他不像当时其他日本竹枝词那样，称“日本”“日京”“东洋”，而是命名为《委奴竹枝词》，题下自注云：“日本志贺岛出土汉金印，文曰‘委奴国王’。”讲的是1784年在日本福冈出土的赤金方印，上刻“汉倭奴国王”五字一事。参见《后汉书》的记载，此乃汉建武中元二年（57），光武帝赐来朝的倭奴国使者印绶。诗题强调了日本与中国的文化联系，并隐隐还将日本视为中国曾经的朝奉者。邓尔雅的日本

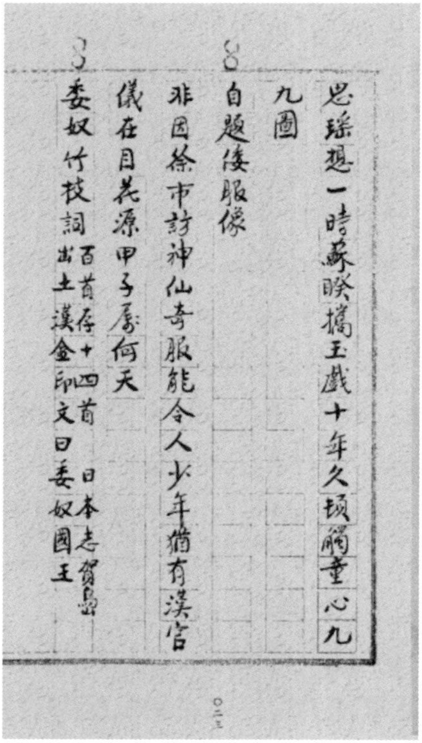
思瑶想一時蘇睽攜玉戲十年久頓觸童心九
九圖
自題倭服像
非因絛市訪神仙奇服能令人少年猶有漢宮
儀在目花源甲子屬何天
委奴竹枝詞 百首存十四首 出土漢金印文曰委奴國王 日本志賀島
〇二三

《邓尔雅诗稿》书影

竹枝词带有浓厚的汉文化色彩，有不少“眼中疑似汉衣冠”“犹见汉家花甲子”这样的强调日本汉文化特质的诗句。又如其中一首竹枝词云：“东道蓬莱别是春，禁考秘本目陈陈。姚江学派朝闻道，徐福儿孙可姓秦。”诗末注云：“日本人狂搜中国古考秘籍，自宋元旧版至清初焚毁禁书，咸重视之。日本尚阳明学，自云强盛全在此，仿效泰西者仅其表耳。徐福之裔姓秦，老儒斋藤木说。又云织布传自朝鲜，蚕桑传自徐福，故丝织物名吴服，以童男女中多吴人也。斋藤木，字文哉，号铎卿，彼都之汉文家也。长于《周易》卜筮。案：姓秦之说不足信。”从其注释中，似乎日本处处重视汉学。邓尔雅1905年赴日（一说1907年），其时日本社会虽有倡导汉学复兴之论，但整体而言，还是以西学、日本学为尚，也颇有深研者，其所云“仿效泰西者仅其表耳”并非主流。他在写作竹枝词时，是带有一定的文化倾向的。

强调日本文化中的汉文化特质，一方面因中日文化交流源远流长，对于同属汉文化圈的日本文化，更感亲切和熟悉，自然愿意多费笔墨。其时中国文人撰写与日本相关诗作，也常引用汉文化典故。例如晚清广府著名诗人李长荣（1813—1877，字子黼，广东南海人）与铃木鲁等日人交往，其唱和之作中便经常提及中日汉文脉。如“谁起联吟沧海东，晁王诗梦早相通”（《日本铃木鲁先生远寄瑶篇次韵奉酬兼简顺叔诸君》）、“往日曾编才子传，此邦原禀圣人风”（《叠韵九首》）（李长荣编，森春涛校《海东唱酬集》，茉莉诗店，1879年版）等，用了唐王维与日本遣唐使阿倍仲麻吕唱和、日本刊刻《唐才子传》等典故。另一方面文人士大夫虽然认识到日本明治维新值得中国学习，但还隐隐带有面对往日文化被输入者的文化骄傲感，尤其在诗词这类源自中土的文化领域。陈道华《日京竹枝词》有写日本汉诗坛的：“文人嗜咏小篇章，感慨高歌学晚唐。帝国图书花外馆，旧藏诗话五山堂。”自注云：“东京文学士辈喜为诗，尤喜为绝句，图无对仗之苦，自云学晚唐。首二句每多俚而不谐，三四时有佳句。感慨沉雄如菊池五山辈，世称七绝能手，著有《五山堂诗话》，今藏于帝国图书馆。”从注释中看，颇有一种文化上位者的优越感，认为日人汉诗水平不高，喜欢写绝句是因为不需要对仗，而绝句能写得好的也不多。这并非孤例，广府人关赓麟曾出访日本，在日记中就写道：“东人赋诗，体格绝卑，与相酬和亦不得不敛才就范。”（关赓麟《东游考察学校记》，《广州大典》第338册，广州出版社，2015年版）面对“三唐两宋步阶梯，万事于今变泰西”（《东游诗记》）的日本，文人们既承认其学习西方变革而使得国力强盛，值得中国仿效，同时也不能忘怀其追步中土的历史。近代中国知识分子，带着自身文化经验去与域外文化碰撞时，仍有一种对民族过去的骄傲。《剑桥中国晚清史》提到中国学生在甲午战争后对帝国主义的攻击、对日本人尚武和爱国精神的敬佩、对清朝无能的愤怒心态，认为这是“新的、又有些自相矛盾的民族意识”“它把对中国过去的骄傲感和这样一种信念糅合在一起：中国人民应该根本地加以改造，以便肇造一个强大的、现代化的中华民族”。

广府文人用海外竹枝词，展现了一个带有异域风情和现代色彩的全新世界。从其题材选择、典故、语言的运用，可见近代知识分子在旅居海外时，如何通过对异域各种异于平日经验的新事物的观察，从而获得对自我文化和异域文化的体认。在这一体认中，一方面是对新文化的关注，意图将陌生文化纳入自己的知识体系；另一方面则是在将陌生文化熟悉化的过程中，隐含了对传统文化的骄傲与自豪。近代知识分子面对异域新文化的冲击，不断在既承认他者、又保留自我中调整、平衡，力图去适应世界大势，为中国寻找一条发展之道。

笔者2023年拍摄的日本国立国会图书馆东京本馆。帝国图书馆1947年改称为国立图书馆，1949年合并到国立国会图书馆，其藏书收藏于现今国立国会图书馆东京本馆

美国华人社团的龙头老大

——20世纪初的旧金山宁阳会馆

刘荒田

美国加州的旅游名城旧金山，目前总人口80多万，其中华裔人口约占20%，是美国所有城市中比例最高的。位于市中心金融区附近的唐人街，现有华裔居民约10万。里面商店林立，密布中英对照的招牌，是最热门景点之一。这个“美国中的中国”，聚集了数百个华人社团。社团构成文化与种族多元公民社会的骨架。其中，两种社团数量较多，其经济基础雄厚，在国内外均活跃。一种以姓氏为标志。单一姓氏如黄氏公所、刘家公所、颍川总堂（陈姓）等。多姓氏如谈谭许谢四姓组成的昭伦公所，渊源于三国时代“桃园结义”，由刘、关、张、赵四姓人士组成的世界龙岗亲义总会等。另一种以地域为标志，如台山籍的宁阳会馆，南海番禺顺德花县籍的三邑会馆，新会鹤山籍的冈州会馆，中山东莞增城籍的阳和会馆等。其中，宁阳会馆，是旧金山乃至北美华人社团的龙头老大。

宁阳会馆的成员都来自台山。台山市现有总人口90多万，旅居海外、港澳台的有160多万，分布于全世界100多个国家和地区，尤以美国、加拿大居多，有“海内外两个台山”之说。从实行改革开放的1978年起，每年大约有一万名台山人，获批准移居港澳及国外。

为何叫“宁阳”，为何称“老大”

清道光二十九年（1849），旧金山教会人士赠送位于唐人埠扳街一地块给几位入了教会的中国人，让他们建造用于主日学校的楼宇。承办人余老济加购紧邻地段，建成“冈州庙”，就此成会馆的雏形。1851年年底，四邑会馆在这里成立，会员900多人，都是新会、新宁（台山旧称）、开平和恩平来的移民。至1854年12月，四邑会馆登记在册的会员增加到1.65万。这些会员中，3700人回归祖国，3000多人亡故，另有3400人，后来脱离四邑会馆，另组宁阳会馆。

台山人的会馆为什么从开始就叫“宁阳”？台山县旧名新宁，又称宁阳，始建于清乾隆三十五年（1770）。还有一种说法，有“广东举人第一人”美誉的陈遇夫（1658—1727），在《新建青云桥引》一文中，将新宁赞美为“宁阳”。后来发现湖南已有县名“新宁”，于是由政府改名“台山”，但“宁阳”这美好的名字保留至今。

宁阳会馆最初设址在百老汇街，是三层高的砖楼。1880年，迁到蒙哥马利街230号。据一位美国牧师统计，至1875年，宁阳会馆会员为2.79万人，其中返国7800人，亡故1000人。

清光绪十七年（1891），由侨领陈文卫、黄作轮、李佑美倡导，通过出售旧会址和募捐，得款10000多美元，在天后庙街41号建成新馆。第一层为会馆办公地，第二层为关帝庙。1906年4月18日，旧金山发生里氏7.8级大地震，随即发生大火，全市大部分房屋被毁，20多万人流离失所。唐人街被大火吞噬，22000名中国人逃往其他地方。宁阳会馆未能幸免，成为废墟。

1907年，会馆重建。工程预算为30000多美元，当时只有17000美元，计划筹款6000美元。缺口如何补齐？领导层商讨后，决定以楼租和出港票作抵押，向各姓富户借贷，月息七厘半，一年为期。同年以造价27000美元，交斯乾拿建筑公司承建。这栋在原址建造的新楼，共四层，第一层为商铺，第二层供会馆办公，第三层和第四层为宿舍。同年9月15日，举行落成典礼。数百嘉宾携带礼物前来庆贺。中国驻旧金山总领事及会馆商董等多位重要人士发表演讲，内容涉及开办学堂、发展商务、开办保险公司、启民智、求进步、力谋公益、不逐私利等方面。接下来的几天，会馆的商董每人出1美元，设宴答谢领馆人员、各会馆老师及演讲者等。

为什么说宁阳会馆是旧金山乃至全美华人社团的龙头老大？它成立20多年后的1877年，登记在册的宁阳会馆会员超过4.67万。中华总会馆是“旅美华侨全体唯一之总机关”，由七大会馆组成，其中宁阳会馆人数最多，在支持中华总会馆发展、维护华埠的稳定、加快华埠的经商发展、维护侨民利益、解决侨民的福利等方面，发挥的作用最大。单看中华总会馆的活动经费就知道。它完全靠“出港票”维持。所谓出港票，中华总会馆的章程规定，所有行将回国的华侨，必须向会馆购买出港票，每人1美元。宁阳会馆人数多，返国的人自然多，所缴纳的出港票就多，例如：1925年11月，中华总会馆收出港票全额为417美元，其中宁阳会馆237美元，其他会馆如阳和、合和各41美元，冈州45美元，肇庆27美元，人和15美元，三邑9美元。宁阳会馆的数额最多。仅以1933年5月—1937年1月和1946—1952年共10年为例，旧金山台山、宁阳等七大会馆上缴出港票数额给中华总会馆共4.0455万美元，其中宁阳会馆占2.7446万美元，不但名列首位，而且比其他六大会馆的总和还多。

中华总会馆的商董名额的产生，以注册人数为基数，每500名分配1名董事额。当时商董55名，其中宁阳会馆27名，其他6大会馆28名。台山人约占49%，总董（总理董事，即主席）由各会馆轮流担任。台山宁阳总会馆主席每年轮值执政6个月，其他会馆每2年执政2个月，此制度一直延至今天。凡中华总会馆要定的大事，台山商董若不表态，就可能胎死腹中。

旷日持久的任期之争

宁阳会馆的人事设置，有正副董事（主席）、通事（翻译）、伙头（由小姓族群派出）。为了保证不发生贪腐、犯法、潜逃之类损害会馆声誉的事件，以上人士均需商铺担保。还有司数（审核账目）人员，由本邑人士所开商铺（共46户）轮流负责，称为“值理”，每月三户轮值。还有商董37名，其中的17名由中国驻旧金山总领事馆委任。董事、副董事、通事，均由各姓氏轮值，每年三名。由于姓氏众多，要26年才轮值一轮，继而复始。鉴于各姓氏的人数差异悬殊，若按“机会均等”原则的话，人数多的姓氏无法接受。因此，就出任董事（主席）作出变通规定：人数特别多的黄姓、李姓、陈姓、伍姓分别为6名、4名、3名和2名，其余的刘、朱、马、赵、甄、雷、邝、谭、蔡、林、曾姓等，每姓1名。

按照章程，董事、副董事、通事，历来是一年一任。清政府主管侨务的官吏对此很不满意。宣统二年（1910），宁阳会馆向清政府禀请给董事发放来美护照，张荫棠公使在批复中指出：“查会馆董事，系为华侨办事而设，务使久于其任，熟悉情形，庶于办理各事，乃能妥协。”“现在三邑冈州两会馆已改三年一任，最为得当。所有金山各会馆亦应一律照办，以资熟手。”公使为了迫使会馆就范，不批护照。

宁阳会馆接到公文后，开会研究，作出决议，坚持一年一任。公使张荫棠只好让步，批出护照。但他仍不死心，再次发函，痛陈利害，要求改为两年一任。

张公使的理由极其充分，但会馆依然认定姓氏比效率更重要，通过轮值当上董事，乃是至为重要的权利。虽然一时间“改革”声浪喧腾，但会馆不为所动，坚持下来。

董事（主席）由各姓轮派，貌似公平，但具体操作的波折不少。一些大姓内部分好些房，房与房之间常因“由谁出头”而产生纠纷。清光绪二十六年（1900），伍姓内部的翰苑房和柱国房争当主席，最终柱国房获胜。1934年10月，按顺序轮到邝姓人士出任主席，内部却闹出“双胞胎”事件。邝宣城堂致函会馆在先，推邝墀任主席。不料两个月后，另一批邝姓人士以邝本仁堂是唯一合法代表为理由，推出另一主席邝兆雷。最后，由宁阳会馆提出仲裁案：次年在邝兆雷到任前，由邝墀当两个月代理主席，争端得以平息。1941年，轮到黄氏宗亲总会出任主席。内部初选时南坑乡黄芹波胜出，但对手黄起飏不服，会馆出面调停，最后两人平分任期，每人半年。

有意出任主席、副主席的是哪些人？不可能是立足未稳，为身份和生计而忙碌的新乡里；也不可能是业已跻身主流社会，中文不大灵光，和华人社区疏离的“土纸仔”（即土生土长一代），而是来美多年，过去经营餐馆、衣裳馆（洗衣店）、货仓（杂货店）、种植园，赚了钱，晚年离开生意场的那些小老板。他们身体尚好，又有经济实力，不约而同地投身侨社。他们一方面，通过“为乡亲服务”实践爱世人的宗教情怀；另一方面，也为补救此生的缺憾。缺憾主要来自两方面：被外族贬为“三等公民”，备受歧视；自身寂寂无名，无法建立尊严。这里的中国人，素来把“衣锦还乡”当作终极使命，而出人头地，是还乡前的最佳铺垫。

其实，主席这职位并无薪水，也无特权。“荣誉职位”的基本功用，在于满足任职人的成就感，让尽可能多的人，排着队来，“过官瘾”一次，为期一年。

“本馆总会的最高职权，为恳亲大会”

1928年9月，全美宁阳会馆第一届恳亲大会举行，修订了会馆章程。

章程的第三条为：“三藩市（旧金山市旧译名）宁阳会馆，创立最久，向为各埠邑侨习惯上，认为我邑旅美之总机关。兹依照邑侨之习惯，即以三藩市会馆，添一总字，以为台山宁阳总会馆。”

为什么要举办恳亲大会？到这一年，宁阳会馆在美台山籍移民已达五六万，但是，“宁阳侨梓，仍散居美国四十八州，东西相望，闻问不通，马上相逢，宛如陌路”。1928年6月25日，宁阳会馆商董召开联席会议，决定开会日期，成立大会筹备处，详订办事细则，分头进行。恳亲大会的费用，由年满18岁的会员捐出，每人1美元。

同年9月15日，大会在旧金山宁阳总会馆正式召开，来自各州（个别来自加拿大）的代表64人，以及本地筹备处职员58人，宁侨公会职员及会员100多人，本市宁侨商董数十人，济济一堂。本市各界团体和商户致送贺礼，万家灯火彻夜不息，唐人街有如白昼。台山籍商户这一天歇业，前往会场庆贺。会场内爆满，迟来的只能站在门外，这番盛况，被舆论界赞为“三藩市开恳亲会空前未有之创举”。

这次大会开了五天，通过议案40件。且举数件，看那年代在美台山人如何热爱祖国与家乡，为之出钱出力：《设法促台山行政机关禁绝烟赌案》《筹办全邑义务教育基金案》《厉行禁止招郎入舍及取养螟蛉案》《筹购飞机捐与国府发展航空事业案》《用宁阳恳亲大会名义函请县自治会及县政府通令全邑崇尚朴俭以挽颓风案》《用恳亲大会名义函请县政府设法整顿台山中学学风并实行教育经费独立案》等。更多的提案，聚焦于侨居国的现实，旨在增进台山人的凝聚力和福利。如：《修改楼宇案》《总会馆恳亲大会定为常会案》《在三藩市兴办宁侨学校案》《筹办宁阳学校简章》《预防对方陷害邑侨案》《保护及抚恤为邑侨出力之勇士案》《会馆应尽保护邑侨之责任》《实力保护回国邑侨案》《宁阳总会与分会馆财政公开案》《宁侨在冚巴埠曾被西人火焚损失财产经西人赔偿恤款被各团体提借应追回此款拨归义务教育费案》等。

恳亲大会结束之日，在旧金山唐人街杏花、共和等7家酒楼举行公宴。购票者数以千计，共设400多席。全体邑侨入席后，恳亲会的60多位代表分组前去各酒楼和乡亲见面。这次公宴，被公认为华人到美以来，所有团体宴会中最热闹的一次。

与《少年中国晨报》的八年纠纷

宁阳会馆第一届恳亲大会之所以在1928年举办，远因之外，还有一条迫在眉睫的理由——和设于旧金山唐人街的《少年中国晨报》（以下简称《晨报》）的矛盾达到沸点。

《晨报》是孙中山先生于1910年创立的同盟会机关报，后来受中国国民党控制，执行其宣传政策。该报记者黄曝寰在1927年10月15日刊载题为《呜呼，中华会馆之暮气》的报道，批评中华会馆每次开会，都有“强弱之分”，证据为：会议的“首座”，竟不是主席所坐，而“为某方代表所盘踞”。“某方代表”指的就是宁阳会馆的主席。所谓“首座之争”，来源是这样的：从前中华总会馆召开七大会馆主席参加的会议，座次并无硬性规定，乱坐不成问题。后来，冈州会馆主席提议，由供给中华会馆经费最多的会馆的主席坐首座，各方无异议，宁阳会馆主席坐首座数十年来已成为习惯。《晨报》小题大做，引发宁阳会馆极大的不满，商董要求《晨报》派出代表，和记者黄曝寰一起到中华总会馆，向公众说明事实，认错道歉。但该报置之不理。10月19日，记者黄曝寰自登启事，责宁阳会馆滋生误会。该报总编辑发表《告宁阳侨胞》，文中有“火炎昆冈，玉石俱焚”之句。随后，该报的《晨光栏》副刊载小品，对宁阳会馆的“过度反应”作出冷嘲，还引国民党中央海外部的来函作恐吓。种种言论，激起台山人的极大愤怒，就此，意气之争变为惊动海内外的大事。

中华总会馆及其他团体为息事宁人，出面调停。可《晨报》非但不肯更正，反而上报旧金山中国国民党总支部。总支部向各分部发通告，要求部属与所有台山人开的商店断绝交易。继而开列宁阳会馆商董的名单，呈报国民党中央，指他们为“受共产党指使之反动派”，须予以惩戒。旧金山国民党总支部派人到美国各州，向台山人的社团宣布宁阳会馆的“罪状”，大肆挑拨离间。面对这种险恶局面，宁阳会馆认为必须召开全美恳亲大会，集体商讨对策，以维护本邑名誉，伸张正义。

第一届恳亲大会通过提案，开列抵制《晨报》的细节，诸如所有台山人不买这份报纸以及相关书籍、用具，不在该报登广告、通告、启事。违反以上条例的邑人，将受严厉惩罚，此人死后不得埋葬在宁阳坟场。该报如要求妥协，则要到开下一次恳亲大会时才议决，任何人无权处理。

在势不两立的形势下，不少人退股、退订、退广告，使《晨报》运营大受影响。此前平日出版两大张，从1931年7月起，缩为一张。直到1935年8月，广东省政府主席派人前往调停，宁阳会馆商董才接纳和解方案。随后，《晨报》刊登启事，承认“文字失检”“同人等以诚恳意志，光明态度，向宁阳侨胞道达歉忱”。宁阳会馆也发表通告，称“国难当前，凡属国民，自应团结精神，共同御侮”“议决将宁阳会馆抵制

《少年中国晨报》各案，一律撤销”。延续8年的恶斗终于落幕。这一事件的圆满解决有一幕后功臣——宁阳会馆主席邝兆雷，他是清光绪十七年（1891）辛卯联捷进士，与当年来美的台山人梁朝杰、赵宗坛为同科举人。《晨报》的道歉文字与宁阳会馆的通告，都经过他的字斟句酌。

宁阳会馆的第二届恳亲大会于1933年9月15日在芝加哥举行，主办方为芝加哥宁阳会馆，27名代表出席。通过的提案，有加强各地宁阳会馆的联系、推进会务，以及成立航空专门学校等。

筹办宁阳学校

旧金山华人社区素来重视教育，1929年，冈州会馆开办冈州学校，三邑会馆属下的南海福荫堂设立南侨学校，阳和会馆也有了阳和学校，接纳的都是家乡的子弟。作为老大，人数居冠的宁阳会馆不甘后人，加紧筹办自己的学校，很快募到60000多美元，于1930年购得唐人埠中心地段市德顿街814—828号的建筑，作为校址。但面临一个现实问题：这里已有一所中华学校，台山籍学生占大多数，如果另立门户，将本邑学生招去，中华学校生源剧减，势必关门。为了顾全大局，宁阳会馆决定搁置办校计划，用筹得的款项购买沙加缅度街875号的六层新楼，将所得租金存入宁阳学校的账户，用于公益和慈善事业。

至2024年，宁阳会馆这百年老店依然充满活力，恳亲大会照常举行，为祖国的现代化建设，为家乡台山的繁荣，为侨居国乡亲服务，做了大量日常性工作，在华人社区维持最大的影响力。

有关广东音乐的史与思

余其伟

《礼记·乐记》言："凡音之起，由人心生也；人心之动，物使之然也。"广东音乐崇尚自然，故多烂漫自由之旋律、至情至性之心曲。亦正因崇尚自然，其流淌百年，一直自觉地尊重历史、不自觉地见证历史。

本土性与全球性

发根于广府地区的广东音乐是近现代的艺术。岭南文化深受海洋文明的影响，与西方文明、现代文明较早接轨。广东音乐虽然在唐宋时期就有其形成的文化基因，但成为一个独立的乐种，则是近百余年的事情，与近代历史的百年风云纠缠在一起。

广东音乐与中国其他各地的民间乐种，如西安鼓乐、江南丝竹、四川清音、丽江古乐，甚至广东本土的潮州音乐、客家汉乐，都不一样。各地的乐种都有不同的地域性格、风俗习惯、艺术价值，很难比较高低，只能比较它们之间的不同之处。

广东音乐的文化性格，或者说她生存和发展的方式，可以概括为十六个字：根植本土、中西结合、以我为主、外为粤用。

这是地理位置使然的。一个地区的文化对于外来文化，不应妥协投降，而应以这方水土中人们鲜活的生活实践为主体，将其消化、吸收，为己所用，这也正是广东音乐的百年面貌。

有学者研究过，全中国的乐种中，广东音乐的全球性最为显著，这也是与其他乐种的第一个重要区别。这并不是说，广东音乐就比其他乐种强，这种全球性源自侨民文化。广东的侨民多，全世界都有广东的侨民，他们把广东音乐带出去、传出去，又把海外音乐因素加进来、融进去。

广东音乐与中国其他民间音乐的第二点不同，体现在艺术成就方面，是创作了一批优秀的民族轻音乐作品。近百年来，尤其是20世纪30年代左右，广东音乐受西方音乐的影响，从旋法到节奏都很有特点。音乐家们将其与本土生活情趣相结合，创作出《步步高》《醒狮》《醉月》《惊涛》《迷离》《龙飞凤舞》《依稀》等一大批轻音乐作品，可以称为民族轻音乐。中国的近现代音乐史上，出现了一大批近现代意义的民族轻音乐，这是一种很奇特的音乐文化，也是中国音乐史上的一种收获。同一时期，我们没有发现其他的民间音乐有如此明显的轻音乐特点。这是值得在中国音乐史上大书一笔的。

可以说，广东音乐开启了近现代中国民族轻音乐的先河。

学界对广东音乐的轻音乐特点有两种观点。第一种，一些音乐理论家认为，整体的广东音乐都属于轻音乐范畴。第二种观点则认为，广东音乐中的《步步高》《醒狮》《迷离》这一类作品，吸收了西方音乐舞曲的节奏和旋法，开启了对中国民族轻音乐的探索。在20世纪40年代初，广州的茶座、舞厅还兴起过一段时期的“精神音乐”，把广东音乐奏成爵士音乐，演奏者摇头晃脑，做颇多古怪动作，吸引观众，寻求刺激，台上台下气氛热烈，演奏者和观众都非常亢奋。20世纪五六十年代，一些音乐批评家认为“精神音乐”不健康、醉生梦死，对其加以批判。当然，这是特殊时代的产物，后来也改正了。

浅近与深刻

很多人觉得，广东音乐轻灵、华丽，较少有厚重、深刻的作品。这种印象过于笼统，轻灵华丽与厚重深刻，或者可以看作是广东音乐的“基调”与“变奏”之别。

粤人生活比较世俗化，强调自我奋斗、自我享乐，崇尚“一盅两件”、鸟语花香的生活哲学。广东音乐作品也有较多短篇幅，写生活，写风景。反映内心世界、批判社会的作品，不是常态，但也存在。南方人性格没有那么苍凉，但很注重协作精神与创意精神，也不缺乏“打头炮”的精神，毕竟在中国近百年的历史中，广东人一直叱咤风云。

总体来说，广东音乐艺术作品较少体现悲怆、苍凉、寂寥、荒寒这一类境界。广东音乐应如何体现深刻性，这也是笔者近几十年来比较痛苦的一个思考。我们可以提高思想的深度，但千万不能放弃那些鸟语花香的生活态度和艺术哲学，因为这是我们的特点，是广东音乐的文化品格，是由这方水土滋养生成的。

这又回到了我们开篇的大命题，音乐创作与人的生存状态有重要关系，有怎样的人生就有怎样的艺术。

丘鹤俦（1880—1942）一生写曲不少，当中以《娱乐升平》《相见欢》《狮子滚球》最为闻名。《娱乐升平》旋律流畅、生动，此曲可谓家喻户晓；《狮子滚球》节奏明快、活泼，音语短促、幽默，形象生动；《相见欢》抑扬顿挫、回旋动荡，无论是写恋人欢会、夫妻团圆、好友重逢，抑或写佳节乐聚、举杯相贺、人民同庆……其雀跃之状，都呼之欲出。丘公一生，基本可称得上生活顺意（晚年亲子不幸遭日寇飞机轰炸丧生，此乃后话）。他曲中所描，多彰奋发进取之意态、显愉悦欢乐之心绪，透露的就是一般中国百姓心中的诸如吉祥如意、花开富贵、风调雨顺、四季和乐、丰衣足食、国富民安等愿景。

又如聆听黄锦培的《月圆曲》，可隐约感到，这轻歌曼舞、流光溢彩之背后，掩盖不住某些淡淡的忧愁。黄老说，此曲是他早年在几经流离困厄、眼下暂且拥有战后片刻的安宁，但又未卜乱世何时骤降、人生祸福难料的心绪下而作。《月圆曲》暗示的隐忧，也是深藏的人生悲剧性之呈示。

20世纪70年代，乔飞创作的《思念》，既是思念为我们的国家、民族鞠躬尽瘁、死而后已的英杰，也饱含着对国家命运和前途深深的忧虑。这首曲子采用了在传统广东音乐中很有特色的、专门表现悲伤、忧郁、悲愤的乙反线式，到了中间又转为正线，充满怀念及希望、奋斗的精神。《思念》以忧患意识为主，与广东音乐过去的风花雪月、鸟语花香这种世俗化享乐题材大又不同，《思念》表现了重大的社会或历史事件，也表现出深刻的反思。四十多年过去了，这首作品至今依然具有广泛的影响力。

《禅院钟声》是粤乐名家崔蔚林在20世纪三四十年代创作的名曲，1973年由粤剧著名编剧苏翁填词，成为脍炙人口的粤语情歌。此曲让我们感受到了作者身逢乱世的悲寂之情。

《禅院钟声》在音乐表现上，既有比较洒脱、浪漫的一面，也体现出作品某种忧国忧民的含意，仿佛听到作者在诉说抗战时期无奈避世的落魄心绪。演奏《禅院钟声》，乐句的呼吸和段落转换安排很重要。如果演奏太快，节奏就不稳。有些表演者受现代国乐或欧化音乐的影响，故意把节奏放得很慢，以为这样就能表达深刻，实际上反而显得人为痕迹过重。这首乐曲讲述的是一种在乱世中自己无力救国的无奈，是很惆怅的。

《禅院钟声》是很典型的有倾诉性的音乐。在现代音乐学院，教育模式偏向西化，一些年轻的学生很难捕捉到中国古典音乐和戏曲音腔的神韵，以及它特有的“叮板”感觉。《禅院钟声》这种乙反线的音律在欧洲音乐的十二平均律里是没有的。中国式的、广东味的乙反线式，音准概念和欧洲音乐都是不一样的。当我们演奏时能坚持乙反线的这个“律”，听起来就会舒服。欧风熏染下一些年轻学生不容易体会中国古典音乐的这种精神和韵致，他们只能用一种极慢的速度或现代抒情腔调来演绎这类作品，就容易显得大而无当或无病呻吟。而自然朴素的韵律，往往更能让音乐学习者窥探中国古典艺术及民间音乐在思想境界上的深意。每个不同的演奏家，演奏时流露的都是自己的生活、性格、修为、文化学养等。已故板胡演奏家刘明源先生说，每一个演奏家都是用作品音响在“说自己”。演奏时，运弓似断非断，走指似揉非揉，就像抑扬顿挫地说话一样。技巧达到一定高度的演奏家，他的运弓、走指已经不是单纯地在做动作了，而是超越技术，音符像话语般传达出来。这是情感的倾诉，这是艺术的流泻。许多作品，既可以表现得世俗化，也可以体现出苍凉、悠远的境界，就看演奏家是平铺直叙，还是通过对生活、世界的思考，把这些文化基因与感情挖掘表现出来。

缪钺先生曾将中国诗歌抒情方式概括为庄子式和屈子式两种类型。他说庄子之用情入而能出，乃超旷；屈子之用情往而不返，乃缠绵执着（见缪钺《论李义山诗》）。按缪先生的指向，我们聆赏《春江花月夜》《塞上曲》《月儿高》《梅花三弄》《阳关三叠》《平湖秋月》《渔舟唱晚》《西江月》……它们不一定具西方美学意义上的哲思、庄严、崇高、深刻、悲壮，但具有万里江山之雄豪、江楼远眺之苍茫、花团锦簇之绚丽、一朝风月之寂寥、望断天涯之悠深、遗世独立之超迈等诸多意象，百般滋味，尽涌心头，引发人对生命的诸多联想和省思，大概这就是庄子式的入而能出的超旷吧！

又如《汨罗沉流》《二泉映月》《流波曲》《江河水》《听松》《临安遗恨》之类，或血泪交迸，或惊雷无声，或痛心疾首，或呼天抢地，或欲休还说，或死寂木然……于一往情深中，使意绪一泻千里，不能自拔。此或往而不返之屈子式的执着吧！

窃以为，无论庄子式，抑或屈子式，两者皆以中国立场抒发东方情调。二者可互动互补，一如人生心绪，常是荣辱与苦乐互相渗透，超旷与缠绵两相交叠。听《汉宫秋月》《流水行云》乃至《禅院钟声》，宫怨闺愁，悲欢离合，孤寂逃世，诸曲皆哀而不伤，于感怆中透露超然。

传统与创新

前面说过，广东音乐与岭南画派堪称岭南文化双星。两者在艺术发展上，都具有一种承上启下、中西结合的转向性的意义。广东音乐与岭南画派崛起的时期比较接近，都重视描写现实生活。广东音乐没有那么多的革命题材作品，抗战时有几首《醒狮》《齐破阵》《凯旋》《泣长城》。广东音乐未必是直接对应意识形态的，更多是表现对生活的热爱，对生活风俗的描写，这也是情景交融、关心现实的一种方式。白居易说，"文章合为时而著，歌诗合为事而作"；袁中道说，"天下无百年不变之文章"；王国维说，"一个时代有一个时代的文学"。岭南画派、广东音乐也是如此，有很强的时代性，拥有比较世俗、现实的品格。

说到承上启下，就绕不开任何艺术领域都老生常谈的话题——传统与创新。

粤乐大师吕文成曾有一段“过家乡而不入”的心酸经历。据粤乐家李肇芳先生的父亲李达川、母亲梁影及刘天一回忆，20世纪30年代中期，沪上吕公创制高胡自作自奏新曲《步步高》和《平湖秋月》（软弓组合），一经发表，即遭数千里外的广东硬弓派父老斥责，被认为大逆不道，致其多在沪港往返，甚少回乡。两曲及其高胡奏法，后在沪上乃至京津沈阳诸地广受青睐，十多年后，广东父老才逐渐接受并认同。

再者，尹自重将小提琴调低一个大二度，引入粤韵奏法，亦被沪上同行讥为“不中不西”，尹公“东西左右难做人”。司徒梦岩为免卷入行内纷争，指令其子司徒华城不再师从尹自重公学粤式小提琴，而改学西式小提琴。

更有，20世纪四五十年代，居沪的陈德钜作了《春郊试马》，此曲从旋法到节奏，均与传统曲大异。由于吕文成、尹自重前事在先，陈德钜也怯怯地问李达川、梁影：“唔知广东个边点睇呢（不知广东方面怎么看呢）？”

吕文成（当时约30岁）创高胡演奏新曲《步步高》《平湖秋月》，尹自重创粤式小提琴，至今已近90年，陈德钜作《春郊试马》至今亦70年。

创新难，守护传统更难。历史不以人的意志为转移，它自行而去；时代在变，人们的生活方式和审美习惯也随之而变。创新与守护，是永远的两难，也是永远的互补与平衡，艺术家为之倾一生心血，未必就能得到理想的答案。所有现象，皆有因果，值得我们平心去思考和探究。美国社会学家爱德华·希尔斯在其专著《论传统》中为“传统”下的定义：“任何对人类有益的从过去传延至今三代以上的东西即为传统。”那么，再看这些名曲及其典型手法，已由当初的“不成体统”，变成了今天的“传统”。这是否有点令人始料不及？而历史居然就是这样写就。

回顾与开拓

中国人一直有强烈的修史意识，有循史溯源与以史为镜的意识。清人龚自珍说：“欲亡其国，先灭其史。”即是说，要消灭这个国家，消灭这个种族，最好的方法就是先让这个种族忘记了自己的历史（当然其中也包含文化艺术史）。看看殖民史就知道，早期殖民者很懂得对被殖民者施以灭史之行为。修史之重要性不言而喻。国家通过编纂典籍，供人研究学习，借以维系民族命脉及其文化精神。文化艺术也须修史，出版《广东音乐曲集》，就是当中一项重要的环节。

自民国初年至今，已逾百年，从丘鹤俦、陈铁生、何柳堂、沈允升、何修文，到曹天雷、李笑天及松风国乐社，再到陈德钜、黄锦培、陈卓莹、李凌、莫汝城及广东省广州市戏曲改革委员会广东音乐研究组、广东省当代文艺研究所、黎田、黄家齐、曾浦生等，以个人或集体名义，先后出版过有关曲集或论著，如《弦歌必读》《琴学新编》《琴学精华》《新乐府》《弦歌中西合谱》《今乐指南》《粤乐荟萃》《粤乐名曲集》《广东音乐的构成》《广东音乐欣赏》《南国弦声》《广东音乐小曲》《广东音乐》《粤乐》等，尤其是近30年来，学者相关著作种类渐多，这里不作一一引录。

近年亦见香港学者吴赣伯编著《二十世纪香港中乐史稿》、黎键著《粤调·乐与曲》、郑伟滔编著《粤乐遗风——老唱片资料汇编》及黄志华著《吕文成与粤曲、粤语流行曲》等多种。可见，广东音乐界一直就有深厚的修史之传统。这些著作，反映了在不同的历史阶段，广东音乐在理论研究、创作及演奏等方面的水平，也多少反映了当时的时代特征、生活风采乃至政治经济方面的情形。

对于广东音乐的组合形式、演奏特色、旋律特点以及题材表现、美学品格等，论著众多，各有观点。诸如“折中中西，融合古今”“不拘一格、不守一隅、不从一说”“开放性、开拓性、兼容性、商业性、娱乐性”，又如“风花雪月、鸟兽虫鱼”及“悠扬悦耳、优美抒情、清脆活泼”等。

笔者认为，就传统广东小曲而言（1949年以后的创作另当别论），广东音乐艺术精神虽也有中和平稳之处，但主要的倾向是华美、流畅而活泼的。它以精短的篇幅、较直接的形式，传达了人世间的喜怒哀乐，映照出南方都市新兴市民阶层及一般城乡平民百姓的生活风采，感情真切、自然，旋律上以不太强烈的冲突或分裂摆脱了一味调和的氛围，形成曲调的抑扬顿挫。其中一些佳作，因其顺畅上口，常常被填词演唱。传统的广东音乐较少有深沉的人生喟叹与哲理深思，较少有士大夫的典雅习气，也没有类似中原古曲那种悠深旷远的历史苍凉感。长期以来，不断融汇古今中外音乐文化之优长，使得近现代广东音乐内涵更为丰富，具鲜明而独特的岭南风采，呈示出多元性格的文化特征。

以史为镜，以史为鉴。笔者再就几个问题求教读者诸君。

一、如前所述，广东音乐也能表现深刻的思想和感情。在表现题材方面，看似以写景状物居多，实不尽然。且不论与中原古曲有血缘关系的《汉宫秋月》《昭君怨》等，单就创作而言，邵铁鸿之《流水行云》，乐思缠绵，情意深切，极尽凄美伤感之能事；陈德钜之《西江月》，于悠然旷远、抑扬顿挫之中，透露出传统中国文人一份徘徊于出世与入世之间的生活态度和生命情调。两曲甚至可视为另类之作，可堪玩味。另如崔蔚林之《禅院钟声》寄绪寂寞、惆怏，古曲《双声恨》着意愤慨、凄切。当中包含着更为深刻而丰富的文化因素，如何精湛演绎之，对演奏者来说是极大的挑战。

二、20世纪三四十年代，在中国经济最为发达的上海、香港舞场及茶座歌厅的兴盛，以及唱片工业的引领下，形成了广东音乐第一个黄金时代。这就是一些学者津津乐道的“双城的故事”。其中一个特别的贡献就是产生了《步步高》《惊涛》《醒狮》《狂欢》《醉月》《迷离》《龙飞凤舞》《甜蜜的苹果》《依稀》等一批轻音乐作品，开拓了近现代意义上中国民族轻音乐之先河，作为中西音乐交流之结晶，载入中国音乐史册。然而由此带出一个问题，就是此时此际以广州为中心的整个岭南地区，也曾经或可能扮演了怎样的角色？这或许是一个很有趣的研究课题。

三、忧国爱民，深明大义，也是广东音乐艺术家们的传统。他们在战争离乱之际，写出了《泣长城》《齐破阵》《樱花落》《醒狮》《下山虎》及《凯旋》等曲，1933年，沈尤升编《中西弦歌风琴合谱》第三辑就收有御敌新曲《辽东血》等多首。又有粤曲《侠女从军》《热血男儿》等。足以说明广东音乐不是置身事外，消极逃避，而是振奋民心，一致御敌。

四、在某段特殊时期，也出现过诸如《东风压倒西风》《上主课》《春苗批邓》等作品，这些作品在某种程度上脱离了生活的真实、人民感情的真实和审美真实，注定只会昙花一现。

执笔至此，不免沉思。面对新世纪，看中国大地，各民族民间音乐，均取得长足进步，广东音乐已非昔时风光。广东音乐已不再像上世纪三四十年代那样一枝独秀，也不是众口一辞的“国乐”了，它现今只不过是国乐的其中一支而已。重温广东音乐历史，感恩无数先贤之创造。但这还不够，我们同时也要温习中国全部的民族民间音乐历史及世界音乐历史。只有如此，我们广东音乐才会更有底气，才有更阔宽的胸襟去继承传统，走向未来。

古训有“不知史，绝其智；不读史，无以言”。这话足以警醒我们。原西南联大历史学教授皮名举也说：“不读中国历史不知道中国的伟大，不读西洋历史不知道中国的落后。”对广东音乐来说，充分地认识自己的历史，也充分地认识别人的历史，敢于将自己跟外省乃至世界各地的音乐比较、交流，既输出又有吸纳，如此这般，才是一种更健全、更有信心的生存和发展之方式。

20世纪20—40年代，歌坛茶座兴盛，唱片工业兴起。随着历史的变迁，民族经济的发展，加上独特的生活感受，诸多因素叠加，何柳堂、丘鹤俦、吕文成、尹自重、陈文达、邵铁鸿、梁以忠、何大傻、易剑泉、陈俊英、陈德钜等一批广东音乐前辈，以香港和上海为基地，共同开创了广东音乐的第一个黄金时代。广东音乐旋即风靡全中国乃至世界各地之华人所居，成为具世界性影响的新乐种。

五六十年代，广州刘天一、方汉、梁秋、朱海、黄锦培、苏文炳、陈萍佳、陈卓莹、黎田、骆津、沈伟、黎浩明等前辈，香港王粤生、卢家炽、冯华、廖森、朱兆祥、朱毅刚、朱庆祥、王者师等前辈，为广东音乐的发展不遗余力。是时，综观中国全部专业乐团或海内外无数社团的演出，从《赛龙夺锦》《昭君怨》《雨打芭蕉》《娱乐升平》到《平湖秋月》《步步高》等，广东音乐几乎是必奏之曲。

正因为无数先贤的开拓和创造，才使得我们能脚踏实地且能倚高望远。这一段历史，这一份荣耀，更成了广东人、全体中国人乃至全球华人的集体回忆。回顾百年，须要深入研究的题目有很多，例如：

广东音乐得以形成（孕育和生成）的历史、社会以及政治、经济、文化等方面的原因。

广东音乐与其他乐种（如江南丝竹、中原古乐、外江小调曲牌和民歌、昆曲等）的血缘关系。

新中国成立以来广东音乐创作的得与失。

对广东（广州）本地之外的地区如上海、香港、天津、北京、沈阳及全球各地的广东音乐演奏、创作等的研究。

广东音乐演奏乐器的组合变化及其在制作工艺上的流变。

以上都是一百多年来广东音乐发展史上的重要问题，尚有不少问题，未一一列出。

广东音乐历史不算很长，从孕育到形成或许只有一百多年，目前也难以做到正规、系统地修史，但可以考虑用散论、作品、演奏史、音乐家立传等形式修史。这个任务并不算十分繁重，却也不算太容易，但是不做不行，不做就会遗漏很多宝贵的史料。可见修史之重要和迫切。限于学识，本文只作抛砖，挂一漏万，唯希更多专家贤达，正本清源，拾遗补阙，作出鸿篇巨著。期待不久的将来，编辑一部趋于完善的广东音乐史。

最后，仅以感言数行，表此心迹：

一路尘烟，十分风光，百年回首，今非昔比。
千种疼惜，万般不忍，锲而不舍，情何以堪？
粤乐修史，顾后瞻前，温故知新，待续前缘。

后记

2022年，我从香港演艺学院退休，回到广州。回首半个世纪的演奏生涯，可谓梦里史诗，盈虚有数；艺术灵性，总付淡茫。

2013年，粤乐家汤凯旋先生邀请我为其主编的《广东音乐大全》（广东教育出版社，2014年版，全三册）作序，促使我开始思考“广东音乐须修史”的命题。

2016年，应广东音乐曲艺团邀请，我做了主题为“粤乐——在危机中寻找生机”的讲座，探讨了广东音乐发展中的困惑与出路。

2017年，应广州文学艺术创作研究院邀请，我主持了“广东音乐的故乡与他乡”学者沙龙。谈了广东音乐的生长历史、艺术特征、发展方向等话题。

2020年，钟哲平女士在星海音乐学院开设岭南文化讲座，她邀请我网络连线，在线上课堂讲授了《广东音乐开启了近现代中国民族轻音乐先河》。课后，我们又就学生提问与读者来信，探讨了文化艺术应如何平衡传统与创新的话题。

2022年，我受华南师范大学万钟如教授邀请，在华师音乐学院做了主题为“漫谈广东音乐的当代传承与发展”的讲座，谈到广东音乐在高校的现状，以及在大湾区的发展状况。

以上这些探讨，也曾陆续形成过一些文字记录。今天将其梳理一遍，以表达我对广东音乐的一些不成熟的认识和感悟，听取读者的批评。希望更多人了解广东音乐，喜爱广东音乐。

民国时期的岭南琴派与琴人

梁基永

先师谢导秀（1940—2019）为岭南古琴派传人，曾撰有《我所知道的岭南琴人》一文，列举所见老辈岭南古琴家五人。谢师跟随近代古琴家杨新伦（1898—1990）学琴，算上杨太老师，谢师一共写到了六位民国时期活跃在广东的古琴家。予生也晚，这六位老辈只及见谢澧（1923—1999）与莫仲予（1918—2007）两位。谢师文章字数不多，所述事迹亦甚简略，故予不揣谫陋，将所知见民国时期岭南琴人资料补白如下。

招鉴芬以琴殉

招鉴芬（1893—1968），字学庵，南海沙贝人，其族先祖即道光时期广东著名学者招子庸。招鉴芬是民国初年广东最活跃的古琴家之一，他早年在江西南昌邮务局工作，故晚年号邮亭老卒。

1921年，招鉴芬在山西游历时，从旧货摊以三十元的价格购得老琴一床。据其描述，此琴断纹为梅花断，古人谓琴要历千年才可有此。安弦试之，古朴沉厚，大为欣喜，乃命名为“江城笛”，意取李白诗“黄鹤楼中吹玉笛，江城五月落梅花”之句，此琴遂为招氏所最爱。1933年，他从江西回到广州居住，命名书斋为“听梅楼”。

招氏博学能文，擅书法绘画，且因其长住江右，时常参与江南一带古琴人聚会，在华东名气颇大。他是民国时期著名的今虞琴社社员之一，《今虞琴刊》收录有其所绘《竹石图》及论文《国画花卉源流考》等。

招氏能弹古曲甚多，谢师回忆有《渔歌》《醉渔唱晚》《潇湘水云》等，可见其技艺之精。晚年他居住在广州西关清平路附近，藏琴甚丰。当年古琴价钱便宜，只要年轻人想学琴，他不但不收学费，且送老琴一床。谢师因而得其旧藏明代仲尼式琴山中雷一床。招氏藏琴喜在岳山一侧的承露上刻题琴名，这是因为刻在琴背需要破坏古琴很多原有的灰漆，题名承露则较低调。据其自撰的《江城笛》一文，在江城笛这把他最心爱的琴上题名也是题在承露上。可惜的是抗战前有梁上君子潜入听梅楼，却仅偷走了江城笛，其他财物未见扰动，足见为琴而来。

关于招氏的结局，谢师只提了一句“‘文革’中受到冲击，许多好琴都葬身火海”。予从莫仲予先生处听闻，招氏之死

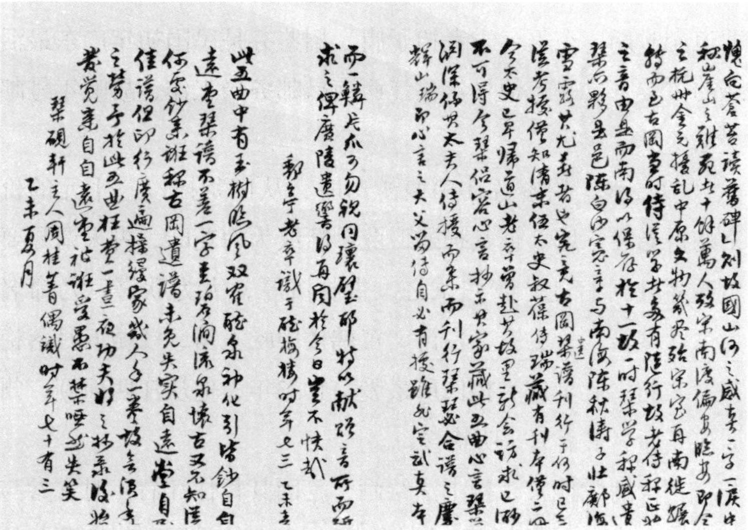

招鉴芬手抄琴谱题记

状甚烈。先是丙午年祸起，抄家批斗之风正盛，广州老辈风声鹤唳。一日，招氏与莫氏茶聚，招忽然问莫，你懂医术，灰锰氧能食否？灰锰氧即广东人对高锰酸钾之俗称。莫讶曰，此物有毒，只能用极少量作消毒，直接进服有危险。招闻言点头不语。

招氏因曾任职邮局局长，属反动官僚，自知难免抄家，越数日，某夜，吩咐家人，取一大铁皮汽油桶，置于家中天井，将家中二十余床古琴逐一劈成烂板，倒入煤油，放桶中尽焚之。

招氏目睹家人焚琴之后，转身入房。翌日天明家人敲门不应，破门视之，见招氏已倒卧书桌前地下，手中持一小杯，内盛灰锰氧少许。

招鉴芬画《归去来图》手卷

周桂菁与孙慕唐

20世纪50年代活跃于广州琴坛的老辈，还有周桂菁与孙慕唐两位。周氏名永芳，桂菁是他的字，湖南浏阳人，其所弹有录音《流水》与《醉渔》两曲存世，风格古朴硬朗，与杨新伦颇为接近。

周氏亦能作花卉，曾见其所画水墨兰花，颇有明末风韵；又多蓄古琴，谢师曾从其家属处购得流泉一床，予曾在香港藏家手中购得其旧藏明代玉露簧伏羲式琴一床。

孙慕唐生卒年为“1879—1957”，一说“1889—1967”，前者卒年似过早，因1957年杨新伦受音乐家协会嘱托，组织古琴家一起弹琴论艺，而孙慕唐是座中常客。

孙慕唐原名鹤皋，浙江湖州人，曾任国民政府驻新加坡、古巴的领事。湖州自古出文人，孙氏能写书法，绘画水平也很高，与黄宾虹为好友。1949年之后，任浙江文史馆馆员，后移居广州。据孙氏生前好友、诗人黄咏雩的儿子向笔者回忆，孙慕唐是因为其儿子孙乐宜来广州任公安局局长，故随儿子南下广东。

莫尚德昆仲能琴

新会古称冈州，是岭南古琴艺术发源地，自古多出琴家，近代影响较大的则是莫尚德与莫仲予兄弟，老一辈琴家称其为“大小莫”。

莫尚德（1913—1993），早年学习西医，精通德语。谢师回忆，其1947年开始跟随招学庵学琴，藏琴有中和等四床，擅弹《普庵咒》等曲。莫氏曾在中山医学院（后来的中山医科大学）任教，“文革”期间下放海南岛华南热带植物研究所医院，“文革”结束后回到广州。1980年，杨新伦创办广东古琴研究会并任会长，礼聘莫氏为副会长。

莫尚德对广东古琴的重要贡献，是他撰写了《广东古琴史话》长文。该文原刊载于《广东文史》杂志，这是第一次系统整理和介绍广东地区古琴历史的文章，其中提到的很多掌故，很有参考价值。

近年出版的《绝响》古琴专辑中，收录了莫氏存世的唯一录音，笔者从莫氏后人手中所得，颇为珍贵。笔者旧藏清康熙年间广东古琴谱《蓼怀堂琴谱》，原为莫氏案头之物，2005

年左右从旧书商手中高价所得。此书前面原缺几位名家序言，根据《广东古琴史话》描述，可知莫氏并不知道原书共有几家序，此谱全貌可参考后来出版之《琴曲集成》。笔者又询诸莫氏后人，谓旧宅原来位于广州解放路一带，后因拆迁，附近几成废墟，家人遂携藏琴搬往新居，旧宅中剩下之书籍杂物，为收破烂者撬门而入捡走，损失不少，此书亦在其中，幸四床旧琴尚在莫氏后人处。

笔者与莫仲予先生曾有数年交往，此老生活习惯异于常人，半夜不睡，天微明时始上床，睡至下午起来进食。我当时年轻，亦惯熬夜，往往在晚上10点左右到他位于麓湖的府上聊天，谈到凌晨2点左右，困意上来欲告退，老人家却经常挽留："你咁早回家睡得着咩？"此句至今犹在脑际。

莫仲予丈厅事中，悬挂一幅其父亲莫渭臣的《行乐图》。莫渭臣乃民国时期广州名中医，此幅用古法写真，人物形象传神。难得的是衣冠和背景都是由莫仲予所画，莫仲予的书法名闻广东，不过绝少人知道他能绘画。

当年的夜话，往往兴之所至，话题中关于古琴的，记忆之中不多。仲予丈和哥哥一样，都是跟随招学庵学琴，水平不高，不过他参与了当年查阜西发起的整理广东古琴史料的工作。他曾经回忆，查阜西第一次来广州开古琴演奏会，似乎是首届"羊城音乐花会"节目之一。那段时间，仲予丈的妻子已经快要生小孩了，不过他不愿意错过这样精彩的古琴会，晚上安顿好妻子就去听琴，"结果听到半场，戏院打出字幕，请莫仲予观众赶紧到某医院，你的太太已入产房，哈哈哈"，老人回忆起当时情景，还历历在目。

查阜西在广东找到了一部《悟雪山房琴谱》的钞本，抄写比较潦草，因为莫仲予书法好，又懂琴，于是查老嘱咐由他来誊清重抄一部。这个工作一直到“文革”时期莫仲予被下放到海南岛时仍在进行。他将钞本带在身边，并趁工作的闲暇认真抄了一部。

莫仲予的藏琴是一床清代琴，名为小雷音，他的书斋名就叫小雷音琴馆，这个琴馆其实就是由一个大的阳台改造的书房，窗外望着麓湖的景色倒是不俗。他有一次指着自己身后略显凌乱的书架上，用旧报纸包着的一长条物，说“这里面包的就是‘小雷音’”，并说琴没有断纹，面板轻薄，声音不怎样好云云。我迄今未见此琴真面目，所谓缘悭一面是也。又某次我携岭南清代名家制琴一床往莫府，他随意抚弄几个按音，说不错，声音好，这是记忆中他唯一一次弹琴。

振玉琴主杨新伦

我国主要的古琴流派之一岭南派，今日俨然大宗，生徒过万，这个流派在内地的兴盛，要归功于杨新伦与谢导秀师徒。杨新伦字克定，祖籍在今白云区鸦湖村，生于上海，年轻时喜欢武术，曾经跟随霍东阁学拳，所以指力深厚，年过九十，仍然中气充沛。杨新伦学琴的启蒙老师是广西人王绍贞，后又跟随卢家炳学琴，最后在卢家炳推荐之下，师从郑健侯，学得岭南琴派古曲与技法。

杨氏生平，谢师曾经有回忆文章，此处仅述其生平余事。杨氏在抗战之前，为美亚保险公司经理，收入颇丰，故此有余资从事古琴收藏。据杨氏自述，抗战时期，因兵荒马乱，古琴和各种财物流散地摊，他在此期间收购的老琴足可装满三卡车。

振玉为杨新伦书斋名，源自所藏最珍视之古琴振玉，此琴为仲尼式，琴额镶嵌白玉一方，琴漆栗壳色，琴腹断纹为梅花断。这张琴的来源不清楚，琴背的一段隶书铭文落款为“行有恒堂主人”，又有道光年款，可知其为清代定亲王府旧物。在铭文中，定亲王说这琴有唐代雷氏的款，“轻松脆滑”兼备。杨新伦得琴的年代不详。查阜西写给朋友的信函中，曾经提到说杨新伦“新得振玉琴，希声间出，真尤物也”。查氏到广州和杨新伦见面时间为20世纪50年代后期，可知这床琴是在该时段入藏。

振玉现存于广东省文史馆，从其外形、铭文和断纹看，大概为南宋后期至明代早年制作，未必属唐琴。此琴由杨氏带领徒弟修复，杨氏修琴喜欢用金属制作的调弦器，类似吉他所用的那种，因为20世纪50年代开始，古琴配件已经断层，没有工坊制作，传统琴轸琴弦非常难买，因此制作这种新的调弦器替代也是没有办法之举。

杨氏藏琴丰富，他在广州的住宅是一座老青砖房，楼下堆满古琴和各种书籍，他住在阁楼，连厨房中都挂着古琴。在20世纪60年代，只要有年轻人愿意学琴，杨氏都赠送一床琴以示鼓励，当年他赠送给潘佛章的南宋幽兰琴，就是其中一例，今归谢师宝树堂。

振玉琴斋藏琴最大宗的捐赠，是在1960年，杨氏到北京参加中国文学艺术工作者第三次全国代表大会，并受到领导人接见，杨氏心情激动，回到广州之后，便将自己收藏的雪江涛、玉兰等二十多床古琴捐赠给北京音乐研究所等机构。

振玉琴斋的藏琴，在20世纪80年代已经流散颇多，80年代后期，香港也有收藏家慕名到广州收购其古琴。杨氏预感自己已经时日无多，又无子女，故提出将家中古琴留五张给其侄子，其余捐赠给广东省文史馆，因为他是广东省文史馆馆员。1990年2月初，他的修琴学生陈一民前往拜年，看到老师在发烧，于是背其下楼，送往医院，不久辞世。在最后的日子，杨氏曾经指定留一张清代古琴送给莫仲予，并且嘱托陈一民修复。

杨氏过世后，广东省文史馆派莫仲予和馆中同事，前往杨府接收古琴，刚好遇到陈一民背着修复好的清代古琴送回杨府，当时文史馆刚刚点算好藏琴，陈一民对在场的莫仲予说，这床琴是杨老师生前说留给你的。因为文史馆有领导在场，莫觉得脸面上必须有所表示，遂当场向领导提出，既然杨先生慷慨捐赠，我身为文史馆馆员，也应该把这床琴一起捐了。多年之后，莫氏向笔者说起这桩故事，仍一脸遗憾。

杨氏捐赠的藏琴，笔者曾经在文史馆仓库中得以全览，除了振玉之外，尚有用日本古筝改装的琴等六床。杨氏留下不少录音和影像，可见其弹琴风格硬朗、古朴，故此查阜西总结的岭南派风格，其实大部分都是听杨氏弹琴的印象所得。笔者更认为杨氏弹琴中那种略带“砂石”，甚至徽位轻微不准确之处，正是其韵味所在，好比是薛觉先的唱腔，虽然声调摇曳，但粤味无穷。

道家琴师卢家炳

前述杨新伦曾跟随琴师卢家炳学琴，则不可不谈及此君。卢家炳（1884—1980），字秀石，号醉琴楼主人，祖籍番禺，生于广州一个基督教家庭，其夫人亦为基督徒。他早年已经有大学学历，并且在新加坡中学教书，20世纪30年代初回到广州。1935年，他居住在广州东平马路，某日早上练习易筋经时，发现自己似乎有特殊功能，从此声称自己已经得道，并且成立“天启道”，自设道坛，为当时广州的病人医治，使用的是道家符水等疗法。他声名鹊起，引起了广州当时医疗界的侧目，被以“无牌行医”为由告到市政当局，卢氏遂移居香港大埔。

卢氏早年跟随父亲学琴，已经有一定基础，后来跟随广州古琴家容心言学琴，他在东平马路的寓所名为缦庐，可见其学琴之心。在广州时期，他时常与容心言、陈叔举、杨新伦等人雅集弹琴。

移居香港之后，卢氏将居所命名为春雨草堂，并继续其传道事业，他又开设卢氏英文专科学校，在新界一带影响颇大。他的幼女卢紫霞以白紫薇的艺名当选1964年的香港小姐。1968年，卢家炳已八十高龄，应朋友之邀请，赴美国观光探亲，并在加州的卡尔弗城举行了三场私人雅集。据《香港工商日报》报道，此回赴美，他还带上自己珍藏的唐代古琴（文章中琴筝混淆，将他携带的古琴误记为古筝），在加州的华侨和音乐界人士纷纷到场。当时此事由著名记者报道之后，引发了加州音乐界对中国古琴的重视，于是他又举行了一场古琴的讲座，用娴熟的英语向听众讲解古琴知识并示范演奏。可以说卢氏是广东古琴家之中最早向外国传播古琴艺术的人物。

卢家炳的春雨草堂藏琴甚多，某次宴会上，笔者邻座一老人恰好是卢家炳的外孙女，据其所述，卢氏藏琴一共有24张，至今仍然分别保存在家族后人手中。他的后人多移居美国与加拿大，每年聚会一次，会将手中藏琴带上，以示保存完好，但是后人没有继承古琴爱好。在卢氏过世不久，家属曾经提议将24张古琴捐赠给台北故宫博物院，但因手续烦琐而未果。

除了藏琴与演奏，卢氏还著有《春雨草堂琴谱》，他有自作琴曲如《金婚》等。卢氏有古琴录音存世，较容易听到的是一首名为《碧云深》的小曲，在网上可以找到。其曲用丝弦古琴弹奏，意境幽远。至于他的春雨草堂，今日已经易主，成为学校的一部分。

粤曲大喉领袖熊飞影的非凡与苍凉

钟哲平

一张百年前的八卦报纸

1987年香港电影《胭脂扣》中有一个片段：一对年轻情侣帮助女鬼如花寻找半个世纪前的情人十二少，他们在古董店看见一张1934年的《骨子》报三日刊，上面有一则塘西艳闻，标题是《青楼情种，如花魂断倚红》，讲的是倚红楼头牌阿姑如花与南北行陈十二少吞鸦片殉情的故事，文曰"名妓痴缠，一顿烟霞永诀；阔少梦醒，安眠药散偷生"。如花看见报纸才知道，原来她在奈何桥上苦等五十三年的十二少，依然在人间。

这虽然是一个杜撰出来的凄美故事，但电影所体现的民国香港风物，是比较真实的。其中那张《骨子》报，是民国时期在香港发行的报纸，写的多是才子佳人风月之事，以及当时的名伶绯闻。同类型的出版物还有《疏肝》报、《墨花》杂志等。为招徕读者，这些报刊不乏捕风捉影、哗众取宠之文章。在电影中，古董店老板对《骨子》报的介绍是："《骨子》就是以前的征友报，专门讲塘西阿姑和花部艳闻。有五六十年历史，以前一个仙一份，而家就值租了。"

现实中的《骨子》报，在1928年8月25日有一篇文章，名为《大喉领袖之摊路与撤路》，并配有一幅四格漫画，画了一个短发女子在番摊上捉弄男子。前文提到的电影《胭脂扣》里出现《骨子》报的时候，还闪过了这篇文章的标题。

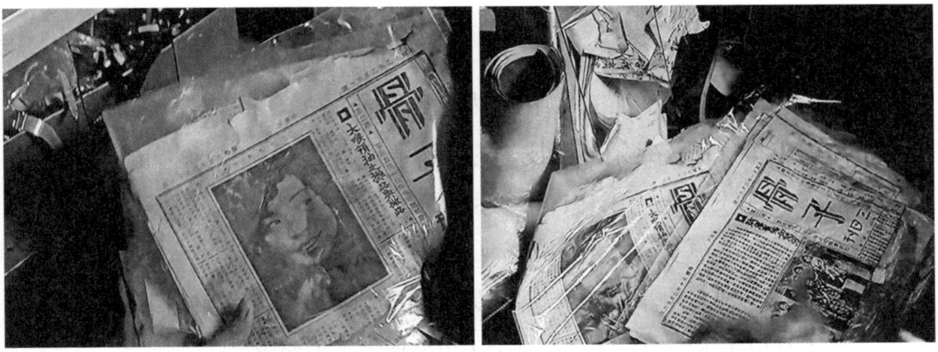

电影《胭脂扣》中的《骨子》报镜头，闪过当年影射熊飞影的文章

文中“大喉领袖”何人？我们再看一期1926年的香港杂志《歌声艳影》，其中有这样的介绍：“飞影歌娘，无论哪一个顾曲家，皆知其擅唱大喉者。并于广州革命军人慰劳会，获有‘西南乐府总领袖’之称，虽此衔未免过奖，然以大喉一方面而论，佳者实寥寥无几。故飞影于此，亦足自豪。”粤曲大喉唱家熊飞影1923年在广州中央公园参加社会各界慰劳革命军人游艺大会，献曲《三气周瑜》及《华容道》，一开声便掌声雷动。在没有扬声器的公园里，大喉比其他唱家的子喉、平喉传得更远、气势更大。在当时的形势下，有英雄气概的武戏也比才子佳人戏更鼓舞人心。在游艺大会上，熊飞影被军中师长赞誉为“西南乐府总领袖”。自此，各报章常称熊飞影为“大喉领袖”。

可见，1928年《骨子》报的那篇文章和漫画，几乎就是在指名道姓地骂熊飞影，并用赌博术语来影射她“多次改嫁，得了钱财又走路”。文章署名“嘴多多”，一看就是不能当真的。

然而，这则无情的八卦新闻背后，是一位苦命名伶生不逢时的悲情人生。

做歌伶好过做“琵琶仔”[1]

熊飞影唱霸腔，以花脸为本色，可谓女中豪杰。首首曲中的英雄气概，是她演唱技艺的造诣，也是她人生苦难的升华。

熊飞影出生于1911年，祖籍江西。幼年随父母逃荒来到广州，随后被卖到香港。

飞影有一养母，在飞影7岁时就请了师傅教她学粤曲。这当然不是出于飞影的兴趣，只是为了更好地把飞影变成摇钱树。

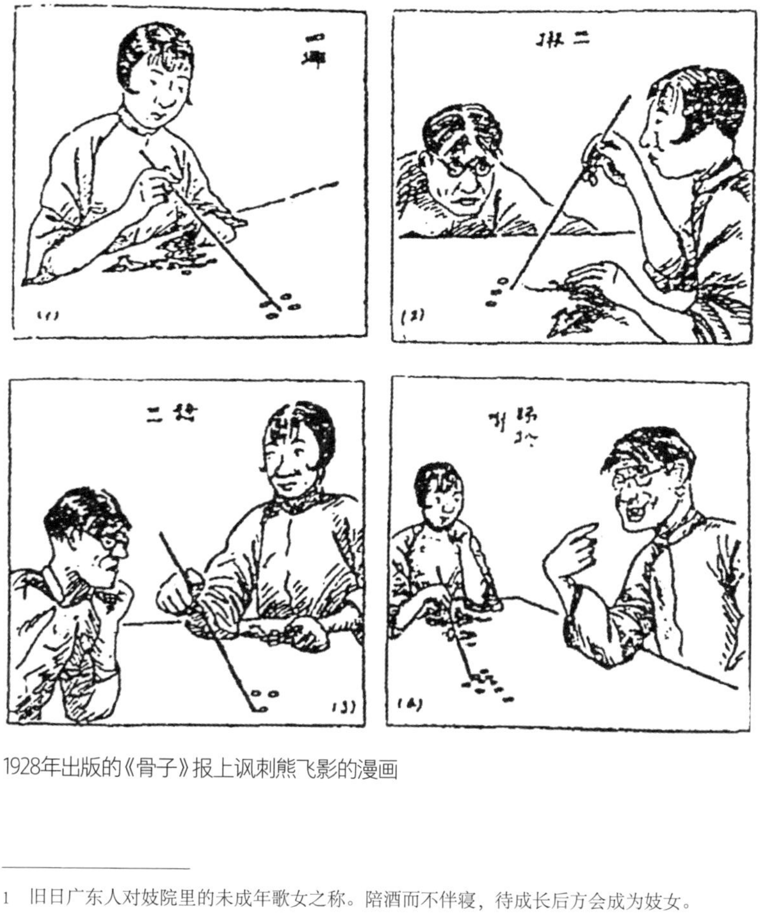

1928年出版的《骨子》报上讽刺熊飞影的漫画

1 旧日广东人对妓院里的未成年歌女之称。陪酒而不伴寝，待成长后方会成为妓女。

这里就要介绍一下20世纪二三十年代省港歌坛以及歌者的生涯。

清末民初，粤地经贸繁华，曲艺蓬勃发展。清代六省戏班入粤，处处轻歌曼舞、妙曲缭绕。省港两地的茶楼也从饮食与社交场所，发展为岭南曲艺的重要表演场所。茶楼大厅中，靠墙一侧用木板搭一个平台，台上置一桌两椅，一人伴奏，一人唱曲，或自弹自唱，这就是歌坛。

早期的茶楼歌坛多由瞽姬演唱南音、粤讴，民初出现开眼女伶演唱，更受欢迎。20世纪20年代，女伶渐渐取代瞽姬。广州的九如、大三元、怡香、建南、一园、多如、咏觞、玉波这八家茶楼均有女伶表演，日日满座，有“羊城八大歌坛”之称。

歌坛女伶多身世凄凉，年纪大些的每见妓女从良，年纪小的只有十几岁，也与风月场所不无关系。

“原来在娼妓合法化的时候，妓院中的鸨母、佣嫂，以及一些老佣妇，均有收育养女，让她们读几年书，到十二三岁时就开始请师傅回来教她们学习唱粤曲和打扬琴，以便到十六岁时带她们到妓院去当‘琵琶仔’，俗称‘槽猪花’……当时石塘咀的妓院，每间都有一两名‘琵琶仔’的。通常‘琵琶仔’都是穷家女，她们的父母因家贫不能养育，在六七岁时便卖给人家……自从香港政府宣布三年内（1929年起）禁绝妓院之后，这些‘槽猪花’的人，看见歌坛蓬勃发展，就决心将养女培训成歌伶，一旦唱出名堂，也是一株摇钱树。这是早期专业歌伶的年纪，大部分是十五六岁的原因。”［鲁金《粤曲歌坛话沧桑》，三联书店（香港）有限公司，1994年版］

飞影就是其中一个自幼被养母训练，准备卖去妓院的苦命女子。幸得她唱歌有天赋，师傅徐桂福对她养母说：“飞影音质够宽厚，唱大喉很有本钱，做歌伶好过做‘琵琶仔’，时下歌坛兴旺，但女伶中很少人能唱大喉。”

所谓“大喉”，就是戏曲嗓音的一种，多为武生、小武、花脸行当使用，在舞台表演中也称为“霸腔”，演唱中真假嗓音混合，高亢激越、威武雄壮。这位改变飞影命运的徐桂福师傅，是歌坛重要人物，清末曾在移风社、优天影教戏，在香港专门教“琵琶仔”唱粤曲，香港歌坛的歌伶多是他弟子。飞影养母听了他的话，同意让熊飞影专职唱曲。

与熊飞影同年出生的女子，还有一人命运相似，名唤小明星（邓曼薇）。“小明星自幼丧父，其母六婶抚育成人，读过两年小学，仅识之无，因家贫，不复继续读，其母六婶原意养至二八年华，即替之择婿，有人肯以金屋贮之，作妾亦无问题……其母六婶见她爱唱粤曲，又闻人言，近日各茶楼的歌坛，唱的女伶，因求过于供，常常使到歌坛有觅女伶难之叹。又闻人说，不少人家女儿，都往寻师学曲，希望在歌坛上活动，倘能一曲唱出，得到周郎争听，每月的歌资，收入自丰，自己既可添装，又可养活父母。”（王心帆《星韵心曲》，《明报周刊》，2013年7月第三版）小明星创星腔，歌声婉转如天籁，弱质多情，屡受情伤，1942年在添男茶楼歌坛唱《秋坟》时吐血身亡，这又是另外一个红颜薄命的故事。

飞影学曲不久，如徐桂福所料，很快在歌坛崭露头角。她13岁登台，以一曲《三戏周瑜》成名。少女飞影，一登台便化身关公、张飞、岳飞等英雄豪杰，一声“蛇矛丈八枪，横挑马上将”，声能裂帛，虽男子亦难及，人称“生张飞”。她唱《华容道》《夜战马超》《岳武穆班师》《武松大闹狮子楼》《单刀赴会》《七擒孟获》等名曲，令听众身临其境，同悲同慨。

飞影少小娉婷，唱腔霸气，声高入云，催人肺腑。颇有清人吴兰修笔下“花面伶”之风采：“花面伶，年十五。回鹘装，伊州舞。一曲高歌有鬼神，声泪无人识倾吐。将军开筵征菊部，十丈毡毹奏箫鼓。”

霸腔是粗犷的，但飞影以情入声，情绪饱满；她的嗓音是坼裂的，但行腔却韵味浓郁，如烈酒醇厚；英雄角色气势宏大，因而她所唱人物个性鲜明、血肉丰满。

汪曾祺在《裘盛戎二三事》一文中写到，裘盛戎把京剧花脸艺术推到了一个新阶段。一般的花脸演员能“炸”就炸，这是唱“花脸”，不是唱人物。而裘盛戎不是简单地追求大声、霸悍，而是注意收放、虚实，有对比、有起伏，演粗豪人物也带几分妩媚。男性美中有一点女性美，很有韵味。

这番评论，借用来放在熊飞影身上，竟十分贴切。她以女儿身唱男儿志。她在唱花脸，也是唱人物。她在唱豪迈，也是唱悲慨。她在唱烽烟，也是唱荒凉。

独树一帜的大喉演唱

飞影成名后，往来省港两地歌坛唱曲。20世纪20年代，飞影刚从香港回广州唱曲，就在永汉戏院二楼的咏商茶室献唱，这是比较高档的茶室，座位是雅致的藤椅，可坐一两百人。飞影在此唱曲，场场爆满。永汉戏院与平安大戏院都是飞影经常驻唱的场所。

此外，唱片公司也纷纷邀请飞影灌录唱片。

香港电台十大中文金曲委员会主编的《粤剧粤曲歌坛》收录了飞影唱片的年份和名称：1922年《五郎出家》《救国英雄》，1935年《武大郎》，1935年《斩马谡》，1935年《英雄救国》，1936年《黄飞虎》，1936年《歌姬同乐宴琼林》，1936年《穆桂英二卷》，1936年《单刀赴会》，1937年《千里寻兄》，1937年《古押衙》，1937年《梨花罪子》，1937年《守华容二卷》，1937年《五郎出家》，1938年《关公斩蔡阳》，1939年《刘备返荆州》，1940年《弃楚归汉》，1947年《七擒孟获》，1948年《守华容》，1948年《夜战马超下卷》，1950年《新梨花罪子》，1950年《马超追曹》，1953年《高君保三戏刘金定》，1954年《新金莲戏叔》，1959年《夜战马超》，1959年《西河会》，1959年《水淹七军》，1960年《岳武穆班师》，1961年《西河会》，1964年《周瑜写表》《武松大闹狮子楼》，1965年《马福龙卖箭》《岳武穆班师》［《粤剧粤曲歌坛》，三联书店（香港）有限公司，1998年版］

这些唱片都很畅销，其中飞影与妙生合唱的《斩马谡》《夜战马超》，与琼仙合唱的《弃楚归汉》《西河会》，与琼仙、妙生合唱的《守华容》《七擒孟获》等曲目，更是风行一时。

20世纪30年代，省港歌坛进入全盛时期，出现了开腔立派的女伶，小明星、徐柳仙、张月儿、张惠芳合称“歌坛四大平喉”，徐缓吐纳，迂回跌宕。熊飞影专唱大喉，雄浑霸气，独树一帜。

此时歌伶的唱腔开始脱离粤剧表演，自成一派。女伶唱曲，擅于“留力”，行腔深邃，声低意远，在嘈杂的场合中，亦能划破繁华，声声入耳。

歌坛唱腔主要有平喉、子喉、大喉三大体系，大喉占少数。“从《1920 至1930年女伶演唱声腔分布情况表》来看，大喉的演唱者相较女平喉及子喉来说为数不多，87位伶人中仅有28人擅长。这一方面由于粤曲演唱题材多倾向男女风情，另一方面同样是因为其演唱方式与女性嗓音条件之间的限制。”（李静《粤曲：一种文化的生成与记忆》，广东人民出版社，2014年版，第189、190页）

除了演唱题材与嗓音条件这两个因素，大喉之所以物以稀为贵，与训练之艰难也有关系。

大喉是用来开声练基础的，要长期坚持则很难。

连唱曲缠绵悱恻的小明星，刚学唱时，也需要学大喉。“其母六婶，问学哪种曲好？周师傅说出，凡学唱粤曲，男喉的必先学大喉，大喉即小武喉，称为霸腔。使学曲者首先学唱，练好嗓音，然后生喉、末脚喉，便可转唱，得到音韵铿锵矣。小明星亦以为然，于是师事之，每日都到周师傅家学曲，学的是《山东响马》《五郎救弟》等大喉曲。”（王心帆《星韵心曲》，《明报周刊》，2013年7月第三版）小明星在抗战时期，也尝试用大喉唱了一曲《人类公敌》（又名《人海孤鸿》）：“霹雳一声，惊破了和平之梦……”王心帆形容她“把林黛玉型化为梁红玉格，英姿飒爽，座上茶客莫不喝彩”。可见大喉功底尚在。王心帆写《人类公敌》时，小明星要求开头有几句霸腔则可，后转平腔，若全曲霸腔，需要很强的气魄。

小明星体质较弱，的确不适宜多唱大喉。就算对于常人来说，长期练大喉、唱大喉，生理负担都是很重的。飞影中年患肺气肿，与长期唱大喉或有关系。

飞影自幼练功，用腰带扎紧腹部，用一个竹筒顶着肚子，刻意把声音喊到沙哑，又从沙哑练到清晰，反复锤炼，掌握调整气息和发音的技巧。所以她的行腔气息稳定，字字凛冽，响彻云霄。

粗粝是她抵御人间风霜的盔甲

学艺艰苦，而从艺生涯，也是欢颜背后，有苦自知。

女伶登台演唱，被迫应酬各种军阀恶霸、浪荡公子，常受轻薄与欺凌，身心备受摧残。曾有心仪小明星的大学生，被黑社会夺命，令小明星悲愤成疾。

戏班演员常到乡间演出，遇到土豪劣绅，也是苦不堪言。粤剧演员郎筠玉十几岁时到下四府演出，曾因不肯陪酒被打到吐血。

世道艰难，而飞影的养母只想让她多挣钱。她日唱夜唱，所挣钱财，却被养母在赌场挥霍一空。飞影在养母的逼迫下，先后嫁给几个纨绔公子作妾，未几又成弃妇。

在这些不堪回首、无法摆脱的经历中，飞影是最大的受害者，却被世人嘲笑。这就是《骨子》报那篇讽刺文章的由来。

1929年，飞影的养母去世，她终获自由身。历经坎坷的她，此时也只有18岁。她在艺名前面加上自己本来的姓氏，从此以“熊飞影”登台，表示告别过往，成为专业的歌者，不再与旧时风月相干。

飞影有一张拍摄于20世纪20年代的照片，倚在栏杆边，身穿旗袍，齐耳短发，侧别发夹，嘴角轻抿，眉锁春愁，有少女婀娜之态。而1926年的香港《歌声艳影》杂志却写道：“飞影近来，已非当年韶秀，俨然一中年妇人。”

从少女到妇人的距离很短，只需“沧桑”二字。

香港广播人李我先生著有《李我讲古》，书中有一段惊世骇俗的描写：“她是一名大肥婆，虽天生一副豆沙喉，但她所唱的大喉，也即霸腔，我敢言到了今天，仍没有人能唱回她的水平……我是在香港歌坛认识熊飞影的，那时她已经三四十岁，但我就只得十多岁。莫道她唱曲如男子，她的性格实也有男儿粗豪之气。也许读者不信，我第一次见她时，她见我一个细路哥，居然戏谑我，问我可曾见过女人站着小便，我当然说未见过，你道她怎样，居然就在后台‘表演’给我们看，把我吓得目瞪口呆，真是一世难忘。”（李我《李我讲古》，天地

图书有限公司，2009年版）

李我出生于1922年，熊飞影出生于1911年。二人见面时李我是个十几岁的“细路哥”，那么熊飞影应是二十几岁。但李我却说他见到的熊飞影有三四十岁，可见飞影看起来确实比实际年龄苍老很多。

发胖、变老、戏谑、粗豪，是不是熊飞影习惯了演唱男性角色而不修边幅？或者，这层粗粝的外壳，是她抵御人间风霜的盔甲？

20世纪20年代的熊飞影

她高喊着打倒自己，消失在人海中

养母去世后，熊飞影活得相对轻松一些。

20世纪三四十年代，战火肆虐，广州、香港相继沦陷后，歌坛不复往日盛景。

新中国成立初期，文艺界充满新朝气象，令人欢欣鼓舞。歌伶、演员的身份不再是戏子，而成为社会主义文艺工作者，一脚跨入了新时代。

1952年，广州市文联组织著名艺人成立广州市曲艺大队，队长是粤剧表演艺术家白驹荣，成员有熊飞影、关楚梅、薛觉明等戏曲名家。熊飞影体会到了人生中少有的安稳，她与广大文艺工作者一起，意气风发地投入欣欣向荣的文艺建设中。此时粤剧粤曲依然是民众的主要娱乐方式之一，政府很重视曲艺工作，用以传播新文艺、新思想。曲艺界新作迭出，如《沉冤得雪太阳红》《雷厉风行驱五毒》《劳动新夫妻》等新剧新曲。熊飞影也参与其中，不论是在矿区、农村或街头，不论戏份是多是少，她都认真排练，积极参演。别的女演员演男性角色，一般就套个头套，熊飞影则爽快地剪个“男人头”。只要是为了工作，她二话不说。她意识到要多识字才能唱新曲，便积极参加曲艺队的文化扫盲班，戴上老花镜读书认字。

为配合抗美援朝的宣传，熊飞影唱了一首《警告美国鬼》，唱得斗志昂扬，很符合她的声腔。

1952年，戏曲界迎来了解放后第一件盛事——第一届全国戏曲观摩演出大会。9月，为选拔上京剧目，中南区第一届戏曲观摩会在武汉举行。熊飞影以一曲《岳武穆班师》荣获大会奖，可见观众最喜欢听的，依然是古往今来的英雄人物。

此后几年，熊飞影专注曲艺，如沐春风。她对已经参军的儿子说：“要听党的话。”熊飞影母子曾失散多年，是解放后相认的。

中年熊飞影

平静的岁月没过多久，历史又撞进了一场浩劫。十年巨创，文艺界分崩离析。

熊飞影演过枭雄，婚姻又有“历史问题”，首当其冲，在劫难逃。她被归为“黑五类”“反动权威”“戏霸”，被反复批斗。

1967年的一天，一位叫水人的粤曲爱好者路过广州十甫路平安戏院，听到戏院传出阵阵口号，两个红卫兵押着一个身材壮硕的妇女走出来。红卫兵喊着“打倒熊飞影”！妇女低头不语，水人看不清她的模样。在红卫兵的胁迫下，那妇女也高喊了一声：“打倒熊飞影！”水人一惊，这声音又沙又“拆”，开口就是霸腔，果然是熊飞影！熊飞影一边喊着打倒自己，一边被押着消失在人海中。平安大戏院门前依旧人来人往，熊飞影曾在这里扬名，又在这里被批斗。

一切名誉与梦想，在没有战火的乱世中烟消云散。熊飞影的各种奖章、奖杯以及大量历史照片，在抄家时被洗劫一空。抄家后，熊飞影被下放到番禺接受贫下中农再教育，在艰苦的条件中，她的肺气肿急剧恶化，于1968年离世，骨灰不存。

熊飞影的一生，经受了身世的悲苦、从艺的艰苦、时代的困苦。与她所唱的英雄豪杰一样，命途多折。她并非什么英雄人物，只是在颠沛流离的人生中，为粤曲大喉唱腔创造了一个高峰，后来者无人能及。而艺术之醇美，往往是这样被动写就的。

高奇峰之死

黄大德

一

1929年2月，岭南大学《南大青年》周报刊登了《高奇峰先生休假》的一则消息：

> 高奇峰先生担任本校美术讲师有年，日前因病往颐养院诊治，已经恢复健康，嗣经医生劝告，仍须经过长期休养，当由高先生提出辞职，学校为优待起见，准给假一年，并由二月份起，照支半薪云。

高奇峰是何方神圣？能享此待遇？原来他是辛亥革命时的前辈，武昌起义后组织战事写真队，亲临战地，随时绘画记录战时情状的“画家记者”。继而在上海创办《真相画报》，以在野党之资格秉笔监督共和。孙中山常叹“高君真是勤廉，非常人可及也”。在给蔡锷的信中，孙中山把柳亚子、高奇峰并称为“文学美术界中之翘楚”。[1]高氏驰骋中西画坛，办过审美书馆，率先祭起折中派的旗号；1926年广州筹建粤秀山公园举行筹款游艺会，国民政府以高价购得高奇峰《秋江白马》《雄

1　孙中山民国初年致蔡锷函：“英文哈同处不可有失联系，况伊曾三致意表示赞同，最好即日电慰（商务印书馆可承印吾党文件，宜多面洽）。柳亚子、高奇峰皆文学美术界中之翘楚，当慎重招待，以期合乎吾等所议。”转引自李伟铭《艺术与政治二位一体的价值模式——二高研究中一个耐人寻味的问题》，《艺术史论》第一辑。

狮》《海鹰》等数幅杰构，准备用于装饰筹建中的中山纪念堂[1]。总之，他已是民国的一流画家。

其实高奇峰自上海回广州不久便已患病了。他开始时感到倦怠、食欲不振，但没有注意，以为是因先天不足，后天欠补，加上为革命劳碌奔波、抽烟过量所致。1925年岭南大学聘他为名誉教授后，其病况发展为咳嗽、低热，当时校方已决定馈地让他在校内筑室，以作休养之用，但高氏女弟子张坤仪认为岭大校内环境虽然幽静，但学生众多，恐不利休养，便在附近租了一屋，日夜亲自侍候，帮他调理身体。后来他在好友梁培基的珠江颐养园留院治疗，病情稍为好转。

梁培基和高奇峰友好，邀请高奇峰在二沙岛筑一别墅。二沙岛占地约一平方公里，南临珠江，东北面只有一条宽约六十

位于广州二沙岛的天风楼现状图，门侧嵌有关山月先生题碑（邓琼摄）

关山月题于1980年的“天风楼——高奇峰画师故居”牌

1　《河南执信游艺会最近之消息》，《广州民国日报》，1926年2月20日。

米的小河和东堤、东山相隔，建筑典雅，岛内树木葱郁，亭台水榭，曲径回廊，满池荷花与珠江互相映衬。奇峰弟子都觉得二沙岛确是“远眺云山在望，近观珠水鱼游”的休养胜地。一合计，决定由他们集资兴建一幢别墅，送给老师。

奇峰的弟子多是富家子弟，且以尊师重道闻名。冯遂川祖上两代均开银号，率先捐出六千大洋，其他各弟子各尽所能，便在二沙岛给老师建了座天风楼。高奇峰手术后随即住了进去。

天风楼楼高三层，绿水一湾，桥榭参差，园林曲折，涛声月色，花影苔痕，雅静深幽，尘埃不染。楼上是居室，高奇峰亲题了“天风”和“海涛”的匾额悬于门楣。房厅均由张坤仪一手布置。

张坤仪是个有故事的人。她乃番禺人士，出生于书香世家。她的父亲张澹庵是前清秀才，与叶恭绰、胡汉民等设萃庐讲学于广州，但坤仪出生不久父亲便去世。母亲俞淑华才情卓绝。坤仪得父母遗传，聪慧过人，年十三，肄业于女子师范学校，又从名宿覃孝方、池仲哲、高冠天研习诗古文辞，对英、德、日各国文学均有涉猎。年二十与一男子结婚，新婚不久男子便离家出走。后来她到上海拜高奇峰为师。当她得知老师辛亥革命前后的经历后，更景仰其人其艺。张坤仪很勤奋，专写花鸟，笔力沉雄，风骨峻峭，全无女子脂粉气。画室中，她在老师画中感受到老师内心那淡淡的忧伤；而在《啸虎》中又悟出了他内心的坚毅与人格的魅力；在花鸟画中却不经意间窥见其透现出的浪漫意味……这些都让她怦然心动。高奇峰在这个学生的画作中，也感受到了弥漫着青春的活力与迷人的气息。慢慢地，艺术之外他们多了许多话题。原来高奇峰1915年曾与一杨姓女子结婚，次年诞下一女，不久妻子一声不响带着女儿走了。似乎是上天的安排，相同的感情经历，会让彼此产生奇妙之情。有时他们一起到上海杏花楼吃一回正宗的广东菜，或去听一下行腔优美、缠绵婉转的昆曲。张坤仪听上几回，居然也会哼上几句。慢慢地，他们似乎都觉察到彼此再也离不开对方。1918年秋，奇峰应广东省立第一甲种工业学校校长黄强之请，回广州到该校出任美术制版科主任，张坤仪也跟着回到广州。1921年他们提出要结婚，却遭到奇峰两个哥哥的反对。理由是俩人还没正式解除此前婚约，又说他们俩的生肖属相命格不合。长兄如父，不得违抗。

其实兄弟矛盾由来已久，暗的如辛亥革命时期哥哥的种种玩世不恭，奇峰就看不顺眼；明的如审美书馆的《时人画集》第一集出版时，版权页署高奇峰的名字，到第二集出版时，其兄剑父硬把奇峰的名字抹去；还有甲工学潮中兄弟因对学生的态度分歧而产生种种不和[1]……奇峰憋了一肚子气，但不想与哥哥闹翻。在无奈与苦恼之中，张坤仪宽慰他道：“我搬出去住吧。规矩太多，活得憋屈。我们不要脸了，就能活得潇洒自在。我们自在了，人家就反而给我们面子！我不在乎什么名分。走南闯北之后也见多了，现在文人、画家、名士，纳妾已属老土，同居更为流行。只要我们自己开心就好。”就这样，张坤仪对外以“谊女”身份与奇峰从府学西街的怀楼搬到同福上街，再搬到天风楼。

天风楼墙上挂着高奇峰的《鸳鸯》，画上题着“鸳鸯守定双飞愿，一任风波浪影齐”，这胜过任何山盟海誓！楼下客厅悬挂着黄宾虹所赠的《山亭遐眺》，让奇峰常常想起他们在上海的友谊；而叶恭绰所赠的清湘《兰花》轴，直令满室幽香。床头放着香翰屏所赠的收音机和留声机，时而听听白驹荣唱的

1 洋□：《高奇峰先生的几段小故事》，香港《华侨日报》，1949年7月8日。

粤曲，时而放一张昆曲《长生殿》《游园惊梦》《牡丹亭》的唱片。

二

1932年6月17日，国民政府行政院第四十二次会议通过了1934年在德京柏林召开中国美术展览会的决议，陈树人、刘海粟、高奇峰、徐悲鸿等为筹备委员。

奇峰其实早就知道这消息了。三月份叶恭绰来广州就住在天风楼。叶恭绰要去拜祭汪太夫人，并邀奇峰同往。他们身体都不好，面对生死自然有共同的话题：人生百年，终有一死，身后之事让未亡人操办，倒不如自己先行选个墓地。二人扫墓归程行至沙河，见有一地，左边是朱执信墓道，斜对面是黄花岗七十二烈士墓，风水甚佳。一打听，原来这是颐养园医生名医左吉帆的地，晚上回到二沙岛，便与左医生商量，请予割爱。左吉帆欣然同意，两人交了定金，也算是了却心头一桩大事。

一天闲聊中，叶恭绰向奇峰透露了要在柏林举行中国近代画展览会的消息："蔡元培先生和我都推荐你为筹备委员，现在你的身体恢复得不错，是时候抓紧画些新画了。迟些时候我们有一个到广西的旅行团，不知你愿不愿意去？"坤仪担心奇峰的健康问题，叶恭绰说，如你们都愿去的话，我可请颐养园的梁培基和柯道医生也一起去。能外出走走，两人都求之不得。

奇峰和坤仪参加了去广西的旅行团。桂林山水甲天下，阳朔山水甲桂林。乘一叶竹筏在漓江漂荡，犹如置身于人间仙境……一处处美景，都被高奇峰收入画图中。此行他画了80多张画，此际他已走出了东洋画风的阴影，更多注重直接而率意的笔墨描写，追求物象和本质的表达，超越了形式与技巧的限制，在纯粹的写生中，融入了他对自然的感受、个性的发挥，获得了舒畅柔和之美。

从桂林旅游归来不久，高奇峰收到国民政府寄来的柏林中国画展筹备委员的聘书。奇峰感到一阵莫名的兴奋：又可以出去看世界了！但他更清楚自己的使命：世界渴望了解和研究中国的文化艺术！这次出使德国，可谓任重道远！

高奇峰被委派策展柏林的消息传来后，顿时成为传媒追踪报道的焦点，英、美、德、法、日、俄诸国画家及闻人记者游历到粤，都慕名过访，观其杰作，更推崇备至，叹为生平所未见。

1933年春，展览的筹备进入倒计时，德国雕塑名家文彩夫人专程到天风楼为高奇峰造像。不久高奇峰接到通知，筹委会已决定派他和刘海粟首赴柏林做前期准备。但就在这时，高奇峰因为这一年来实在太累、太忙，身体又见不适。本来张坤仪和黄少强等弟子都劝他放弃赴德的计划，但他笑笑说："如今医术昌明，德国的医术更发达，万一到德国发病，说不准还可以把病彻底治好呢。"张坤仪知道他的脾气，更了解他弘扬艺术的心事，也只好由着他，并让他到颐养园进行治疗。10月6日，德方筹备专员、柏林大学教授博尔士满博士专程来到广州迎接高奇峰，得知他正在治疗的消息，径直来到医院和他会面，殷勤促驾，情意恳挚，令高奇峰霍然忘病，答应立即起行。柯道医生给了他一些路上应急的药物，并介绍了在上海的德国医生给他，以防万一。

10月13日傍晚，高奇峰和张坤仪登上了开往上海的"昃臣总统号"。轮船离开了码头，奇峰在船舷揖别友生。他曾多次到上海，但这回却是他最期待的。

当年在上海那片神奇的土地上，他开创了属于自己的事业，登上了人生的第一个高峰，结识了一群饱学之士。

在那里，他经历了人生的悲欢离合，邂逅了张坤仪这个奇女子。

他期待着和黄宾虹等老友再度共叙，问安请益，磋商艺事。

他更期待和坤仪重回棋盘街走一走，再到杏花楼吃一顿，然后再听一回昆曲。

他心中还有一个连张坤仪都不知道的秘密，到德国和她在教堂举行婚礼——这是足智多谋的冯遂川临行时向他提出的建议：给张坤仪一个名分，给她一个惊喜，给她一个罗曼蒂克的婚礼。

太多的期待令奇峰精神极为兴奋，胃口出奇地好。这让张坤仪吃了一惊。

高奇峰在“昃臣总统号”的消息传开了。乘客都希望能见见这位大画家，看看他的作品。当船长把乘客殷切的期望转告高奇峰后，他居然答应了，破天荒地在船上开起了展览，怎知在忙碌中被缆绳绊了一下，倾跌在地上。坤仪赶紧把他扶起，问他伤了没有，奇峰摆摆手，一副若无其事的样子，可张坤仪的心却悬在半空。

第二天船到上海，叶恭绰早已在码头恭候，寒暄之后，便同往瀚洲饭店入住。路上叶恭绰察觉奇峰脸色不佳，张坤仪说了在船上发生的情况，奇峰则笑言：“可能是有点累，歇一会儿就没事的。”但当天晚上他说有些头痛，第二天痛得更厉害，胃气上逆，引发呕吐，精神疲困。张坤仪以为他在船上吃得太多消化不良，连忙取出柯道医生开的常用药给他服用，但仍不见效，便约医生前来，诊视后仍呕吐不止，慢慢地黄胆水也吐出来了。

叶恭绰眼看高奇峰病得不轻，考虑到在旅馆有诸多不便，便让他搬到自己家里住，一面请来柯道的德国医生朋友前来为他诊治，一面把高冠天的女儿高为素、高为绚找来，与张坤仪共同看护高奇峰。

一个久病的人心理奇妙而复杂。平时装作若无其事的样子，一旦感到有什么异常，便有大事不妙的潜意识，并迅速演变为强烈的恐惧感。高奇峰仿佛已意识到自己将不久于人世，意识到是处理后事的时候了。他深爱着张坤仪，他懊恼自己的懦弱，没能冲破封建的牢笼，连累了她。自己在世时尚且如此，一旦走后，没名没分的坤仪怎么办？想到这，他让坤仪给冯遂川发个电报请他速到上海。又对叶恭绰说：“表哥，我是立遗嘱的时候了！”叶恭绰一愣，转而装作平静地说：“不要想太多……不过，立也无妨，有的人一生立过四五次遗嘱。”

高奇峰的病情一直没有起色，24日那天，叶恭绰把他送到大华医院。一检查，是肺疾旧患因劳顿加积食导致复发，恐一发不可收拾，于是开出了病危通知书。叶恭绰立即打电报通知冠天、剑父，请他们速到沪上，但他们没来。

冯遂川风尘仆仆从广州赶了来。一见老师，悲不自胜，强忍泪水，向老师请安。奇峰把张坤仪支开，让冯遂川坐到床边：

“同学们都好吗？”

“好，好，都好，都惦挂着你。”

“你的孩子出生了吗？”

“20号那天出生了。”

“叫什么名字？”

“还没来得及起名字呢，接到你的电报我就马上赶来了。”

“哟，真不好意思。看来我不久人世了，想多见你一面。找你来，是想问问，天风楼是你们出钱盖的，我走了，你说怎么处置好呢？”

“老师，那是我们同学的心意，你想怎样处置就怎样处置吧。”

“这几天我一直在想着身后事，其他的都想得七七八八了，就天风楼还没最后决定。既然你们如此孝顺，那日后你们就把天风楼改为奇峰画苑，在那里设帐授徒，这也是对我最好的纪念。”

“留给坤仪师母不是挺合适的吗？”

高奇峰苦笑道：“德国去不成了，你出的主意没法实现了，坤仪她……”，奇峰声咽了，“我怕我无论怎样立遗嘱，我哥也会从中作梗的。坤仪她到底是没名没分的女儿家。我知道同学都尊师重道，但他们都缺乏社会历练，唯有你经过商，走南闯北，三教九流都见识过，能言善辩，办事通达。我走后，你得帮帮她呀！”

冯遂川灵机一动，俯身在老师的耳边说：“老师，我现在就给孩子起名，叫‘维翁’，一是永远纪念老师教育之恩，二是表示我竭力维护老师遗愿之志。这你就放心了吧！”[1]奇峰激动地拍了拍他的肩膀：“拜托了！一切拜托了！”

1931年6月高奇峰与天风诸子合影。右起：黄少强、叶少秉、高奇峰、张坤仪、赵少昂、何漆园、周一峰（资料图片）

1　冯维翁访谈，2008 年 9 月，时侨艺书画会秘书长、中国书画函授大学广州分校副秘书长、广东省老年书画家协会会员黄玉珠女士在座。参阅黄大德《天风七子考》，《美术学报》，2012 年第三期。

三

奇峰的病情一直反复，但神志清醒。一天他让张坤仪把叶恭绰、方君璧、高为素、高为绚等请进病房，神闲气定地说："我自知时日无多了。今天把你们都请来，是想你们一起见证我所立的遗嘱，请恭绰兄帮忙代我笔录吧！"

高奇峰遗嘱

一，将所有作品每省每国送一幅与各大学图书馆或博物馆等作为纪念，以扬国光。此事请汪兆铭、陈树人、叶遐庵、方君璧、曾仲鸣会同办理。

一，将天风楼改为奇峰画院，以作育人才。

一，铺店四间以两间与承嗣女坤仪，余两间以一间与两侄为参、为铁，以一间与两侄女为绚、为素。

一，广西所种树由坤仪主持办理，收入为奇峰修墓费。

一，由坤仪于奇峰遗作中设法筹五千元作慈善事业。

一，所有生前亲友学生所欠之款，一概不必索还。契据作废。

叶恭绰记毕，复述一过，奇峰眉宇舒展了："期盼诸位倾力助我完成遗愿。古语说：赤条条来赤条条去。无牵挂了！为素、为绚，你们过来，在叔叔的遗嘱上签个名，作为见证吧！"

高奇峰的病情在反复中恶化。每当清醒时，他都让坤仪将遗嘱逐字逐句再读一次，然后口中喃喃道："就咁做好……就咁做好（就这样好）！"[1]张坤仪悲不自胜，奇峰反倒安慰她："别哭，别哭。我们……做不成夫妻，我死后，你就以义女身

1　叶恭绰：《高奇峰示疾记》，《良友》第八十三期。

份……把我葬在那天在沙河选的墓地上。”坤仪呜咽着点点头：“嗯，我要在墓地上挖两个穴，一个埋葬你，一个留给自己。奇峰，你不是最爱听白驹荣的《来世姻缘》吗？我再唱一遍给你听……”在场的人都为这感天动地的真情对白所打动，声颤语咽，酸泪盈睫。

药石无灵！1933年11月2日下午3时5分，高奇峰在大华医院五号室逝世了。

四

高奇峰还没入殓，叶恭绰便听说高剑父对奇峰的遗嘱大为不满。

叶恭绰深知自己是张坤仪表哥，若事事由自己出面会给人说是为表妹出头而犯嫌，便决定让别人来接球。

11月23日，国民政府要员把叶恭绰、陈树人、高冠天、张坤仪、曾仲鸣等请到南京铁道部开会，研究如何实现高奇峰遗志的问题，分别就天风楼创立奇峰画院、遗作分赠和搜集兼保管、治丧办法、公祭、运柩回粤等问题逐条讨论并对落实执行办法一一作出决议，还特别有张坤仪于“12月8日扶柩归葬君于广州沙河”一项，起运前致函广东省、市两府妥接，以表国家尊崇艺术导师之至意。[1]大有今天的“红头文件”的意味。看来万无一失了。

然而，高剑父在葬地的问题上，提出异议。他以兄弟两人的名义给行政院发电说按中国的俗例，丧事理应由死者家庭主持。于是剑父订明下葬日期，1934年2月10日便把奇峰的遗体葬

1 《高奇峰荣哀录》第一辑，中国图书大辞典编辑馆，1934年。

在广州河南怡乐村石突庙侧的基督教义冢。[1]那义冢地处低湿的草地中，积水盈盈，使人唏嘘不已。

高奇峰下葬义冢之日，他的弟子没有参加。下葬后第二天，张坤仪由佣妇搀扶，在西南政务委员罗翼群夫人等人的陪同下前往拜祭。只见冢上有两个花圈，一个放着国民政府的褒奖令，另一个以行政院院长名义敬献。望着奇峰无碑无碣的墓地，坤仪哭晕过去。

从怡乐村回来那天，坤仪通过律师发表声明："张坤仪易地养病，其间天风楼不得启封。"所谓的"易地养病"[2]，其实是到上海表哥家中策划，遍谒各要人，请旌奇峰，赐予国葬，争回一口气。

1934年6月2日，高奇峰逝世半年，张坤仪在南京阴阳营设奠，戚友及社会各界到祭者甚众。于右任、邵力子、孙哲生等政要均致诔词、挽词，南京、上海各报刊登有关报道及张坤仪以血和粉，写梅花一幅，更刺腕和血，点染梅萼，作《哀怨塞乾坤图》，题曰："恸鲤趋如梦，痛参侍无从。寤寐重泉，神魂越滐，爰和血泪，用写冰心。"又有绝句："写尽泪痕如血痕，空余哀怨塞乾坤，天风瑟瑟孤山影，痛绝难招海上魂。""飞残香雪酿辛酸，神血未凝骨未寒。已是人天一无有，只留薪烬此心丹。"[3]催人泪下。

于是便有了林森题写的墓碑："画圣高奇峰之墓。"

1　明夷《高奇峰逝后之波澜》，香港《华星三日刊》，1934 年 1 月 24 日。

2　"坤仪侍奉奇峰先生居天风楼者亦经数年，生平所有一切日用品及重要文件与画轴除有存于十月十一日北上时在天风楼交与冠天先生亲自携去暂为保管之要箱一个及画三大袋内之外，其余均在天风楼。而天风楼各室系于十二月十二日由治丧处加封，现未便去检出，兹因易地养病，特请律师等代表为声明，不经坤仪回粤不得启封，如有人将天风楼内各室对象启封移动，倘有损失，应由启封人负责赔偿……"广州艺术博物院藏，馆藏号：G5：0210。

3　《名画家高奇峰逝世半年纪念之哀悼》，《香港工商报》，1934 年 6 月 22 日。

高奇峰逝世一周年之际，应一众党政要人及海上名画家联名发起，上海各界在南京华侨招待所召开高奇峰逝世周年纪念会暨遗作展览。

1935年1月，《高奇峰先生遗画集》出版。在陈树人、叶恭绰、曾仲鸣、方君璧等人保管的遗画中选出十九幅，汇成一巨册，除收入汪兆铭所撰《高奇峰行述》、林森书墓碑外，还有林森、孙科、吴铁城、蔡元培、傅秉常、曾仲鸣、陈树人、徐悲鸿、于右任、蔡元培、叶恭绰、居正、邵力子、马超俊、杨家骆以及德国公使托德曼等人的题词，文彩夫人之高奇峰造像，方君璧的速写，张坤仪用泪和血写成之梅花。印刷之精美，被誉为“国内所出画集之冠”。这规格之高，阵容之鼎盛，谁人与匹？[1]

张坤仪自有过人的筹划能力，为高奇峰大造声势。终于在1935年12月，由孙科、蔡元培、张继、于右任、孔祥熙、吴铁城等呈请国府准予高奇峰遗体迁葬南京。尽管墓尚未修好，但张坤仪生怕夜长梦多，1936年1月，张坤仪匆匆和王子奇以迎榇专员的身份，带着国府一纸“将高奇峰遗骸迁葬南京紫金山总理陵园”的文书回广州迎柩北上。1月31日在怡乐村举行启窆礼，2月3日由张坤仪在粤光公司主持公祭，粤中政要及艺术界人士一千多人到会。祭毕，张坤仪随即护送灵柩乘“广利轮”载运北上。抵达上海后，张坤仪把灵柩停放在上海中国殡仪馆，而自己立即到南京亲自督促修墓工程。

1936年12月27日，高奇峰灵柩终于在南京栖霞山落葬了。高奇峰墓在栖霞寺前的左边，要经过三四公里弯弯曲曲、用碎石铺成的墓道，才能到达墓门。周围有牌坊、纪念亭、荷花

1 《高奇峰遗画集将出版》，《申报》，1935 年 1 月 20 日。

池、珍珠泉，然后才是墓穴，墓后面有功德泉。圹地坚固，共分三层，内层长方形，外为圆形，直径丈余，全由水泥浇制。据承造商说，就算是立体战争，其墓内之棺也不会被毁。墓碑为林森所书，墓地庄严雄伟。由于在德国铸造的铜像还没有消息，所以在纪念亭还预留了树立铜像的地方。[1]公葬由褚民谊主祭，牧师依宗教仪式主礼，国民政府代表吕超及居正、褚民谊、叶恭绰等院部代表来宾共千余人参加[2]。张坤仪没见国府的头头来，便问吕超："蒋先生呢？"吕超告诉她："蒋先生今日有事，不能来了，派我做代表。"她一脸不高兴："什么事那么忙！"说罢百感交集，失声痛哭，掩土时将腕上的手表脱下，放入墓穴中。在肃穆的祷告后，盖椁礼成，高奇峰终于入土为安了！

高奇峰下葬后，张坤仪仍留在南京，一面守墓，一面继续高奇峰墓园未完成的工程。张坤仪要在高奇峰墓旁建一座模仿天风楼的天风庐。她要在这里隐居、作画，她要在这儿陪伴高奇峰。

五

不久，战云密布，烽烟四起。张坤仪只好买棹南归，回到香港。每见亲友，赠以素衣练裳小照，小照中题有"齿刚易折"四字，并有文曰："人有语我者曰，齿刚易折。嗟夫！忠不忘心，以无私欲，自然会刚刚易折耶。吾不信，吾不信，其或信然矣。刚易折矣，然安遗体、申遗志，酬教养苦恩，仁

1　正夫：《名山葬艺人——栖霞山高墓略记》，香港《华侨日报》，1948 年 6 月 13 日。

2　《高奇峰灵柩运京，昨日公祭后移灵》，《申报》，1936 年 12 月 25 日；《高奇峰遗榇今公葬》，《申报》，1936 年 12 月 27 日；《高奇峰葬礼》，《申报》，1936 年 12 月 28 日。

义所在，死不敢让，志不可夺，心不可惩，大道是行，九死无悔。顾名思义，惑分遗身藐孤之苦也。齿刚易折耶，吁，精刚宁折矣，修夜虽不暘，孤忠有耿光者，皎皎丹心，昭昭白日，吾何畏惧哉！”[1]高奇峰逝世四周年之际，坤仪率众弟子登太平山之巅，北望陈花，鞠躬酹酒，含泪致祭。众弟子每逢恩师生辰、死忌，都一定要开展览纪念先师。赵少昂还开设了岭南艺苑，把老师的艺术薪火相传。

高奇峰的遗作，因高氏家族的争夺诉讼，一直存放在天风楼的作品无法启封。1934年2月28日，曾仲鸣致函陈树人，希望他能劝劝高氏兄弟“完成其亡弟之遗志”。

陈树人接信后，即致函高氏兄弟，表示对于在执行高奇峰遗志的问题上，“无论何如，不能罢休”：

冠天、剑父两兄台鉴：奇峰身后发生诸种争执，披露报章，实吾人最痛心之事。为完成奇峰遗志，发扬其艺术，弟自问亦已尽心力。所以如此者，固不独为私交计也。保存天风楼及征集遗作此二事，乃实现奇峰遗志之唯一办法，无论何如，不能罢休。且此种办法，冠天在沪开会时已同意签字，断无不承认之理由也。弟与诸兄相知卅年，情如手足，知无不言，用致摘诚相告，尚望两兄体念奇峰素志，俾其艺术精神永留天壤，不独弟一人之切祈也。

专此。即颂道安。弟陈树人。

附仲鸣兄函一通祈参照。三月七日。[2]

但此信没起多少效果。直到广州沦陷前夕，广州市警察局

1　瓶斋：《南返香港之张坤仪》，香港《探海灯日报周报》，1937 年 8 月 23 日。

2　《陈树人致函高冠天及高剑父函》，广州艺术博物院藏，馆藏号：G5：0213。

局长李洁之才私下作出决定，高奇峰遗作归张坤仪所有。[1]

当张坤仪重回天风楼，环顾海光天色，昔日明窗净几与奇峰谈艺之地，皆已尘封，蛛网纷披。奇峰遗作，虫蛀蠹食，几无完者。

至于高奇峰要把天风楼改作奇峰画院的遗愿，至今仍是一个遥不可及的梦。20世纪80年代起，不少政要和名流都曾想到高奇峰的遗嘱，想到了天风楼，呼吁重新修葺，建成高奇峰纪念馆。高奇峰的高徒赵少昂更曾以门人身份，希望按老师遗愿把天风楼改造为高奇峰纪念馆，但力争多年，还是竹篮打水一场空（见王建勋先生访谈）。至今仍然不能进，只能远眺。外墙曾翻新过一回，但早已云烟不再，已非蓬莱。

高奇峰死难瞑目，赵少昂也不瞑目啊！

弟子们合绘于1941年的《高奇峰像》（香港中文大学文物馆藏）

1　題鸠：《张坤仪画展在即》，《探海灯周报》，1938 年 2 月 12 日。

六

2003年4月，高奇峰的再传弟子欧豪年应邀到南京举办画展，专程到栖霞山寻找师祖高奇峰的墓。在栖霞寺高僧的指点下，终于在后山找到了。

整整七十年了！这座墓经历了战争的硝烟、各种浩劫、岁月的侵蚀，墓碑已经被砸，墓身已从中央裂开，长出一棵大树来。环顾四周，杂草丛生，一片荒凉。目睹此情此景，欧豪年潸然泪下，发愿一定要重修高奇峰墓，以供后人瞻仰。他回到香港后，马上召集高门弟子，集资重修。同年12月20日，画家司徒乃钟在南京举行画展，欧豪年是为主礼嘉宾，他们决定在开幕前一天为重修高奇峰墓举行重光仪式。香港著名的慈善家、艺术家和社会活动家梁洁华博士也专程参加了师公的重光仪式。[1]

亨利·海涅曾说过："每一个人就是一个世界，这个世界是随他而生，随他而灭的。每一块墓碑下都躺着一部整个世界的历史。"

高奇峰的墓碑下藏着的，是一本大书，值得我们细细钩沉发覆。

1 杨永权：《南京栖霞山奇峰墓重修》，《澳门日报》，2003年12月12日。

《邝斋藏帖》与黎简拒见袁枚公案

林　锐

清乾隆四十九年（1784）二月，著名诗人袁枚（子才）应其堂弟袁树（香亭，时任肇庆知府）之邀，南游岭南。他于二月从江宁出发，经安徽、江西，一路上览胜迹，访朋旧，后经梅岭进入广东，历览丹霞山、英德南山、清远峡江寺、肇庆七星岩和鼎湖山，以及罗浮山、西樵山、新会圭峰等名胜。当游历至广州时，欲见岭南名士黎简（二樵）而未果。这件事经常为后代广东人引为谈资，堪称文学史上的一段公案。

但有关此事的文献却颇显扑朔迷离：两位当事人在世时未曾公开道及，时人著述亦未见相关记录，成书年代去袁、黎生活时代较近的道光《广东通志》，其中的《黎简传》亦无述及。目前所知记载此事之文献，似以咸丰朝所修之《顺德县志》为最早。该志卷二十六的《二樵本传》称："浙人某，负当代盛名，以探罗浮至，介所素习者招于乡。简遽答书，摘其平日诗伤忠厚语，力却之。"并未明言其人为子才。《清史稿·二樵本传》则径书子才之名："浙人袁枚，负盛名，探罗浮至粤，介所素习者为招，简答书却之。"后人更有进一步称子才"屡欲访二樵，而屡为二樵所拒绝"，甚至敷衍铺陈至不可思议者，如李长荣《芳洲诗话》竟称："枚造简之门者七，竟不获见。"（《黎简先生年谱》"乾隆四十九年"条所引）

另一方面，相对于广东人的言之凿凿和津津乐道，一些从事袁枚研究的学者对此事或是避而不谈，或是持存疑的态度。如1986年10月出版的傅毓衡《袁枚年谱》就未提及此事，而

2011年10月出版的郑幸《黎简年谱新编》“乾隆四十九年”条虽然引用了钱仲联先生《清诗纪事》转引自苏文擢先生《黎简先生年谱》（香港中文大学出版社，1973年12月版）的相关资料，但其仍称“四月，有传子才曾往访黎简，而简未见”，其对此事的真实性显然有所保留。

由于记载此事的咸丰《顺德县志》等文献较为晚出，此事的真实性难免受到质疑，因此，与此事相关的第一手文献尤其是两位当事人的相关记载就显得非常重要。

至迟在20世纪60年代，广东著名学者冼玉清先生（1895—1965）就曾据其所藏二樵致袁升父两札真迹，撰有《黎简与袁枚》一文，后发表于1982年6月出版的香港《书谱》杂志“黎简专集”。文中引用这两札中第一札之全文及第二札之部分内容。香港苏文擢先生于1972年春编成的《黎简先生年谱》（以下简称《年谱》）也提到冼先生所藏两札真迹并加以引用，其引用之文字包括误释之处均与冼文相同（《年谱》中另有多处因植字之误而导致之差异），可知其材料源自冼先生。唯冼文所引札文不但有节略，且偶有误释之字，世人无法窥其全豹。此外，因《年谱》和《书谱》杂志均在香港出版，内地少有流通，故内地研究者较少留意这一材料，对冼先生所藏此两通二樵信札真迹也少有关注。冼先生身后，此二札下落不明，现在不知尚在天壤间否。所幸者，在广东省立中山图书馆所藏《邝斋藏帖》中，笔者发现了此二札的踪影。

《邝斋藏帖》为嘉道时期广东名士陈昙所刻。陈昙（1784—1851），字仲卿，号邝斋，番禺人，贡生。晚岁曾署揭阳教谕。工诗骈文，能画。著有《海骚》十二卷、《感遇堂外集》四卷、《邝斋杂记》八卷，另编有《师友集》七十四卷。其“邝斋”一号之来历，其同里好友张杓有详细解释：

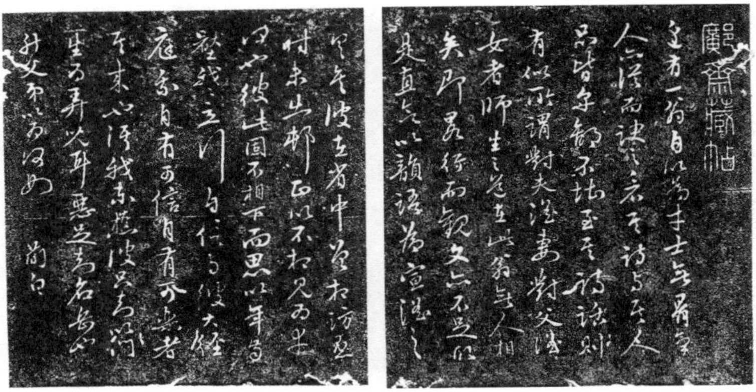

《邝斋藏帖》

“邝斋，仲卿所居室也。仲卿之生，与湛若同物：堕地不啼，褓褓中不嗅人乳，皆与湛若同。稍长为诗，诗笔复肖湛若。人皆曰湛若复生，因以邝名其斋。”（见《邝斋杂记》张杓识语）此帖虽然刊刻时代并不久远，但传世稀少，知者也不多。冼先生在同发表于《书谱》“黎简专集”中的另一篇文章《“小子狂简”黎二樵》中曾有提及：“五十三岁，高介石为刻其《五百四峰堂墨妙》，皆简与其门人何深往来手札，介石见而爱之，因为捐资刻石。余尚见有陈昙所刻《邝斋藏帖》，亦黎简书札。”可惜未提到此帖与其所藏二樵两札真迹之间的关系。马国权《广东印人传・二樵本》传也称其“书札之已刻帖者有《五百四峰堂墨妙》《邝斋藏帖》等”。此外罕见有人提起，其具体内容更无从得知。

广东省立中山图书馆所藏此帖，一册，经折装，封面一签，题“邝斋藏帖。从孙陈善伯敬识”，下钤一白文方印，虽已漫漶，但仍可辨出为“陈善伯”三字。册中收拓片二十开，其中有刻字者十九开，无字者一开，第一、第三开起首均有小篆“邝斋藏帖”四字。意其刻石时，每石刻正反两面，至最后一石时仅刻一面，而拓石时则连未刻之一面一并拓之。无题跋。帖中所收录全为黎简致升父之信，一共五通，列于第二、第五两帖恰好是前述冼先生在《黎简与袁枚》一文中所介绍之第一、第二札，仅此一点，其重要性已毋需多言。除涉及袁子才之二札外，第三札篇幅最长，为其论诗文之重要文献；一、四两札篇幅则较为短小。就书法而言，此帖书、刻并精，诸札或草或行，与坊间习见之所谓二樵书作大异其趣，堪称二樵行草小字的典型。尤其是其中的草书，可见其于刻帖中的晋人书札颇为用力，是研究二樵书风的重要资料。

谈论《邝斋藏帖》所收二樵五札之前，有必要先了解此数札的作者与受信者的基本信息及二人的交往情形。

黎简（1747—1799），小名桂锦，字简民，一字未裁，号二樵，广东顺德弼教村人，出生于广西。二樵因其在诗书画篆刻等多方面的突出成就而为很多人所熟悉。其最为人称道的是：“足迹不逾岭，海内词人想望风采，名流来粤者咸折节下交。”（见《广东通志·黎简传》）正因如此，连当时早已名满天下、比他年长三十一岁的袁子才到了广州都要主动相访。至于上款人“升父”，也作“升甫”，为赣县袁堂。其人在同治《赣州府志》卷五十五有传：“袁堂，字升甫，嘉德（春舫）仲子。工诗古文词。游宦粤东，故多客中之作。有《三十二砚斋诗文集》。”升甫之父袁嘉德，字粹中，号春舫，为乾隆二十五年（1760）举人、二十八年（1763）进士，知广东阳春县事（参见同治《赣州府志》卷五十）。事实上，袁春舫长期在广东任职，辗转历任多地，而以在阳江令任上之时间为最长。据道光《阳春县志》卷三《职官》记载，春舫于乾隆四十年（1775）六月任阳春县令，四十二年（1777）二月调署顺德，同年五月复任；四十四年（1779）十月调署佛山同知，四十五年（1780）又复任，同年七月调闱，十月回任。其继任者为杨文镇，乾隆四十六年（1781）十月任。道光《新会县志》有其在乾隆四十六年任新会县令的记载。又据同治《河源县志》和嘉庆《东莞县志》，其于乾隆四十年（1775）、四十六年（1781）九月曾分别署理河源、东莞县事，由此可略见其在广东之宦辙。乾隆四十三年三月十八日（1778年4月14日），春舫还曾陪同年、时任广东学政李调元游肇庆七星岩，事见石室岩洞口壁李氏所题诗后之识语（参见《肇庆星湖石刻全录》）。升甫随父宦游广东，因而得与番禺吕坚（石帆）、谢景卿（云隐，谢兰生之父）、二樵等广东名士结交。

二樵与升甫结识，据吕石帆撰于乾隆四十八年癸卯（1783）三月的《送袁升甫序》云：

> 五年前，有客言虔州袁堂升甫佳公子也，好学能诗，以畸人才士为性命……越二年，余生计益拙，卖《妙高台碑文》于谢云隐，所坐侧见墨拓袁子峡山寺诗，诗尚妥帖……又一年，升甫得交黎二樵。与二樵读其诗，誉之不惭，毁之甚喜，出《听莺草堂集》求评定，文甚清稳有奇气，余之意动，始一接杯酒殷勤之欢，痛醉狂叫，定交而去。无何，升甫尊人春舫公物故，讣张药房、黄虚舟、黎二樵书诔，属坚作传，且曰遗言也。

因此可推知升甫得交二樵之时间约在乾隆四十六年（1781）底。到了乾隆四十七年（1782）初，升甫之尊人春舫去世，升甫按礼应当奉讳回里。而在这一年中，二樵有《袁参军升甫（堂）出其尊人遗照劝农图嘱题二首》《升父诺予致人参诗以订之》《寄升父》等作（均见《五百四峰草堂诗钞》卷十三，乾隆四十八年作）。这些作品，是二樵诗集中最早与升甫有关的篇什，这也印证了石帆所述之黎、袁二人订交时间。

升甫在返赣之前，曾到广州处理相关事务，并往访吕石帆，请其为春舫作传。二樵为其题《劝农图》，或许也在此时。石帆此序，正是此次相聚后送升甫回里之作。

二樵与升甫相识虽不早，但两人很快就成为莫逆之交。在订交后不久的乾隆四十七年（1782），二樵已将升甫与其他好友及他本人同列为“六君子”，次年更有《六君子图》之作，以松、杉、栝、柏、梧、楩，分别指代袁升甫、王月坡、吕石帆、周石农、闻可莽及二樵本人，可见其对升甫之赏识。

升甫归里后，在乾隆四十九年（1784）夏天重来广东，曾拟到顺德见二樵而为洪水所阻：“以尊人春舫先生墓表委书八分，如汉人碑碣者。时仆以悼亡伤心，又西潦横滥，阻不得见。逾时升甫怅怅归矣。”（见《年谱》乾隆五十年条所引乾隆五十年四月五日二樵《跋曹地山宗伯所作袁春舫行略墨本》），二樵因此有《袁升父至广州以涨阻不得见》之作。到了乾隆五十年（1785），升甫再次来到广东，并在七月初招二樵往游端州。直到九月，二樵方自端州回到寓居地佛山秋官里。

黎、袁二人端州之游，有一颇重要之原因，即春舫之三弟袁嘉言（慎枢）时为高要县令（《年谱》误作“升父时随父阳春，故有此招”）。八月二十四日，慎枢与二樵、升甫及其他友人游历七星岩，其间慎枢与二樵两人于石室洞璇玑台壁合作留下一段摩崖刻石：“乾隆乙巳秋八月朔廿四日辛丑，邑令赣州袁嘉言慎枢、前令固安杨国霖雨化、南州闵锐颖思、顺德黎简二樵，令次侄袁堂升父同游。二樵分书勒铭：南服陨石，北斗降精。日入壁曜，霞标赤城。人寒无语，山秋有声。云崖争力，已割未倾。地深莨高，心奇语平。阖骑五羊，斟酌柒星。”（见《广东摩崖石刻》）按，此题自《年谱》开始，多将其属之于二樵名下。但审其小序口吻，铭及序当是慎枢所作，二樵只是以八分书书写而已。值得注意的是，此次同游七星岩的，还有慎枢的前任杨国霖——此君在上年（1784）四月、八月曾陪袁子才游宝月台、鼎湖等端州名胜。

畅游端州之后，两人交往之具体情形不得而知，但在乾隆五十一年（1786）秋月，升甫曾嘱二樵为其重绘《六君子图》，二樵在九月绘就。此后两人交往的资料稀少，大约是升甫叶落归根，二人未再见面，不过仍有鱼雁往来，如《邝斋藏帖》中大部分二樵手札即是作于升甫离粤之后。

升甫离粤归里后，将包括二樵等友人所赠书画及书信等什袭珍藏。但这些信札在不久后则由其子带回广东，最终归陈昙所有，并由其上石刻帖。

升甫虽然最终回归故里，但其子永伯却踵继祖、父，屡屡游历岭南，并与吕坚、陈昙等名士交好。永伯不事生产，家贫，因而经常出先人所藏书画鬻以自给。陈仲卿《海骚》卷四有《题黎明经简书画》一诗记其事：

> 郑虔三绝今几人，首屈一指黎简民。嗟予后起不及见，摩挲遗迹犹酸辛。同时四子名籍籍，老而不死介能文（吕明经坚）。怀才未遇贫且病，气焰尚可张吾军。岭南风尚矜书画，东涂西抹不足云。书家未免蛇蚓诮，画手只觉形神分。风流歇绝竟如此，始信名士自有真。内廷供奉世亦有，所惜过眼同烟云。袁生千里远命驾，出此换酒伤哉贫。为传好事善藏弆，莫使岁久真通神。

诗中“出此换酒伤哉贫”道出永伯售卖这些信札的原因，仲卿则“为传好事善藏弆，莫使岁久真通神”而将其买下，并将其勒石。据卷端小注，《海骚》卷四作于嘉庆十三年戊辰至十六年辛未间（1808—1811），则诸札入藏邝斋之日当在此数年间，其上石刻帖的时间应相去不远。仲卿虽因后起而不及见二樵，但与二樵好友吕坚是至交，因而其对于二樵之事迹、艺文颇为熟悉，评价也极高，故有将这些信札专门勒石传世之举。另外，吕石帆《迟删集》卷八有《癸亥仲春袁秋田出张药房黎二樵书画扇头数十柄其先人升父物也感赋一首》，此“袁秋田”似与永伯为同一人，而且很可能在此时（嘉庆八年，1803）已经开始鬻卖先人所藏书画，也由此可知升甫在嘉庆九年（1804）之前就已经下世，去二樵之卒年不过三四年，与二樵同样享年不永。其早逝的原因当与其身体一直比较虚弱有关（二樵在此帖第三札有“吾弟才力少弱，与身体似”之语）。

到了民国年间，《邝斋藏帖》刻石流入仲卿从孙陈善伯手中。陈善伯（1889—？），号圆善道人、圆善病叟等，己未年（1919）后斋名为抱残守阙斋。善伯长期从事教育、文化工作，民国时期广州很多文化活动皆可见其身影，曾执掌番禺师范、番禺高等小学堂、禺山中学等学校。1927年春，与陈炳权、吴在民等组织私立广州大学校董会，创办广州大学。著有《抱残守阙斋漫存》，稿本现存于广东省立中山图书馆（后简称“中图”）。善伯少时常听长辈讲述仲卿之事迹，因而对之颇为景仰，勠力搜集其遗著。他曾自述所集邝斋著作：

> 今《海骚》《杂记》二种，坊间尚有存本，余则久已散佚。顺德佘丈散木藏《文集》，余得借取钞存。吾师番禺徐信符先生藏有写定未锓之《师友录》，余以兼金赎归。余藏有先生重光作噩岁诗稿，中多《海骚》所未载者。稿经伊汀州审定，题词其耑。（《跋族祖邝斋先生〈感遇堂外集〉后》）

此《邝斋藏帖》原石归其所有，应该也是其用心搜集之结果。

在《跋族祖邝斋先生〈感遇堂外集〉后》一文中，善伯提到此帖：

余藏有《邝斋藏帖》端石八方，为黎简民与袁升甫手札，神彩俊逸，钩刻甚精。升甫，江西人，父春舫，官广东州县三十年。升甫随宦署中，工诗词，折节下士，一时名士无不缔交，与简民犹厚。其子永伯，流滞粤东，有父风，文章典雅，而不事家人生产，日出其先世所藏书画，卖以自给。与先生莫逆，因以此石归之邝斋。此翰墨因缘，亦风流佳话，匪止成住坏空，片羽吉光之感已也。

按，善伯此跋有两处明显失误：一是刻石的数量，根据中图藏本，应该是十方，而非八方；一是称永伯与陈仲卿莫逆，“因以此石归之邝斋”，实际上归邝斋者应为二樵手札真迹，仲卿入藏后方将其勒石。中图藏本有数页下方有一二字漫漶不清，显示其传拓时间较晚；该册封面又有善伯本人题签，因此很可能即是石归陈善伯之后善伯所拓之物。

至于诸札真迹，在陈仲卿之后之流传情形则不得而知。冼先生所藏，《黎简与袁枚》一文仅提及两通与袁子才有关者，不清楚另三通是否也一并归其庋藏。其得自何人、得于何时，也不可考矣。

《邝斋藏帖》所收五札，其时间先后不一。大致上第一札时间略早，应写于两人在广州某次聚会后，二樵返乡之作。其余第二、三、五各札，所谈内容彼此关联，应该是同时期所作。第四札谈到作书之事，或与升甫请二樵为其尊人春舫书写墓表有关。

五札中，直接与袁子才访二樵一事相关者，实际上仅为第二札。全文移录如下：

近有一翁，自以为才士，无骨气，人亦从而谀之。看其诗与其人品，皆卑鄙不堪。至其诗话，则有似所谓“对夫淫妻，对父淫女”者，师生之道，在此翁无人相矣。即略行而观文，亦不足取。是直欲以韵语为宣淫之具矣。彼在省中曾相访，愚时未出村，正以不相见为幸。何也？彼此固不相下，而思以年齿压我。我立行，自信与彼大径庭。我自有可信，自有可乐者。其来也，污我东樵。彼只知以门生为弄儿耳，恶足知名岳也？升父弟以为何如？简白。

此札未提及“此翁”之姓名，但从其所述其诗、人品及诗话，可知为袁子才无疑。此点未见有异议者。至于书写年代，《袁枚年谱新编》指出，《黎简年谱》“所引黎简第一札中涉及《随园诗话》，考子才刊行《诗话》在乾隆五十四年（1789）时（参该年谱），故此札若真，必作于是年之后”，也就是说，此札的书写时间，距子才南游岭南之年至少在五年以上，彼时升甫应居于乡里。

札中对子才的人品、诗作、诗话均极为鄙视，极尽痛斥之能事，其中“对夫淫妻，对父淫女”“是直欲以韵语为宣淫之具矣”等语，其激烈程度实在难以复加。

札中与本文主题相关的则是“彼在省中曾相访，愚时未出村，正以不相见为幸”一语。此明确道出子才曾相访的事实，也说明二樵因村居而无意中避免了与子才之正面接触。二樵此时村居的原因是其夫人梁雪（飞素）在四月二十一日病逝于乡。

由此札还可知，尽管二樵对子才其人其诗确实极为鄙视，但还有一个令二樵大为恼火的直接原因：“彼此固不相下，而思以年齿压我。”按，子才为康熙五十五年（1716）生人，比生于乾隆十二年（1747）的二樵年长三十一岁，年岁上足足长了一辈，名气上更是远超二樵。但在二樵看来，“我立行，自信与彼大径庭。我自有可信，自有可乐者”，因此二人是“彼此不相下”，而子才却“以年齿压我”要求相见，对二樵来说，实在是难以忍受之事。这也符合二樵狂狷的一贯性格。

对于子才访二樵的方式，综观历来记载，有两种说法：一是《顺德县志》所言之“介所素习者招于乡”，亦即子才未尝登门，而是招二樵于乡；二是“造门”之说，如李长荣等。也有含糊其词，不言“招于乡”或“造门”，只言“欲访”，如《清诗三百首·二樵小传》（钱仲联选、钱学曾注）就称“袁枚来粤，欲求一见，简峻拒”。在此札中，二樵明言“在省中曾相访”，则“造门”之说不谬。但既然二人未曾正面接触，二樵从何得知子才“思以年齿压我”？其间必有“招于乡”之事，亦即子才在造门未遇之后，托人在中间传话或直接写信，招二樵前往相见。就此而言，则《顺德县志》所称“介所素习者招于乡”之说亦非空穴来风。至于二樵是否“峻拒”，札中并未言及。而以子才之年岁与地位，似无屡“欲访”或“屡招”之理，不然，似不至于出现以年齿相压之举。

子才访二樵之时间，以往皆将其系于乾隆四十九年（1784）四月。其原因是以往据袁香亭《送存斋兄南归》六首中“几年别梦绕江离，盼得欢逢佛诞时”一句之自注“兄以四月八日至粤”，而将子才到广州的时间定为四月八日（即佛诞日，亦称浴佛节），因此将其访二樵的时间系于四月。事实上，香亭原先确有先到省城公馆迎接子才，以便畅游名胜，再同到肇庆之意。但《袁枚年谱新编》据子才《端州纪事诗》第一首“一诗迎我一诗催，驿使奴星日几回。望见端州城半角，倾城冠盖似云来”，笔者认为香亭上诗自注中所谓“至粤”，当指子才抵达肇庆。尽管此说理据并不十分充分，但笔者以为，子才在四月访二樵的可能性极小，而最大的可能是在七月。

《袁枚年谱新编》记载，子才在抵达肇庆前在广东的行踪，大致如下：闰三月二十六日抵南雄州，然后过韶州府，游丹霞山；过英德县，游南山；过清远县，游峡江寺，观瀑飞泉亭。到了肇庆后，四月十六日，子才同杨国霖等游宝月台等名胜，晚归宴客于晚香堂。五六月间，子才闲居肇庆；七月，往游广州，其间赴广东巡抚孙士毅之招；七月二十四日，往游西樵山，二十七日，以染疾遽还广州。八月初一病起，往游罗浮山、华首台；此后又有新会、鼎湖之行。至九月十六日，启程赴桂林。按此行程，若按四月八日到肇庆之说，四月初似无经停广州之可能。即使按传统的四月八日到广州之说，也是匆匆经停，并未畅游名胜，其中一个重要依据是子才在整个四月并无明确涉及广州的文字（其《端州纪事诗》其十二有提及“贪泉”：“城门一过三千万，南史曾将粤岭夸。今日贪泉宛然在，不知涓滴落谁家。”但未知其具体创作日期），而七月广州之游倒是有确实无误（子才赴孙士毅之招，孙在席间告以程晋芳亡讯。而程逝于当年六月二十一日，因此招饮一事只能发生在七月）。而且子才七月在广州的时间较长，可以从容游览访友。另一方面，二樵在梁氏夫人去世后，到七月才离开乡下，挈家寓居佛山秋官里（据《年谱》）。因此，子才在广州造访的时间很可能是在七月二樵出村前往佛山之前。

第五札内容也与袁子才有关。在此札中，二樵通过讨论在子才诗论中占有重要地位之“性情”二字，宣扬了自己的诗学主张。此札洋洋近六百字，全文如下（释文据中图藏本释出，漫漶之字，个别在《黎简与袁枚》一文中有清晰释出者，则径以补之）：

立天下之名易，立千秋之名难。昨札所论此老，吾弟肯以千秋之名与之否？愚凡一再观其诗，至觅无一好处，而其不好处所关风化者大矣。头巾气、道学腔不可作，直头不捡点伦常上亦不可作，二者宁有头巾、道学样也。更有无知之辈护其短者，曰：“此君诗全讲性情。”此直是丈二帽子语。但凡诗人未曾捉笔时，即知持此二字作榜样。究其所归，实不知此二字为何物。彼所云性情，无过是“浅率”二字之脱影耳，何曾知所云性情也。所云性者，理之源也；情者，理之流也。又云：合乎人心之本始谓之性，合乎天下之好恶谓之情。然则性也者，万物之静机也，为之体也；情也者，万物之萌机也，用也。性者，潜体于无极；情者，动用于无形。直至一泄于事为之后而性情露矣。是则性固情而动，情固事而施，如今者在君父之前则性情流为忠孝，其动止为畏敬；在兄弟则为和悦，夫妇则为恩爱；朋友则为砥砺与对；红袖绮筵则为窃狎；壮夫道流则又为激昂，为幽远。所发万端，不可尽述。今此老则惟以淫靡宣著于天下，则以为才子风流之所不讳者，不复知天下有愧之事。以此为性情，可以为天下好恶之本心耶？愚谓此老直以师生为，以文章为宣淫之具。嗟乎！才子固如是乎？愚屡以此老饶舌，不是争门户起见，诚以贤弟公子家风，恐堕此习。昔阿难为摩登伽女摄入淫室，尚有将毁戒体之事，倘非如来令文殊急往护之，阿难休矣！别来文体尚复安胜。三叔大人何时入都？各弟侄都好为慰。刘广文深爱拙作，宜令书吏抄一卷寄之。彼年富而身强，眼明而手敏，可以语此。此书到时，为请老祖母太孺人万福。阖潭起居。升父二弟足下。愚兄黎简顿首。

札中有“昨札所论此老”一语，说明与前述一札系同时期所作。

此札内容分两部分。前一部分是主体，主要论述“性情”与诗之关系，批评子才的诗学主张，认为“彼所云性情，无过是‘浅率’二字之脱影耳，何曾知所云性情也”，指谪子才“惟以淫靡宣著于天下”“其不好处所关风化者大矣”。此札也反映二樵本人其实并不反对“性情”，只不过是他对“性情”二字有自己独到的理解。

后一部分主要为日常书信中常有的叨念、问候，中有“别来文体尚复安胜。三叔大人何时入都？各弟侄都好为慰。……此书到时，为请老祖母太孺人万福”诸语，足以说明升甫此时居于赣县老家。其中之“三叔”，即袁慎枢。二樵因肇庆之游与慎枢相识，故升甫在来函中言及三叔将有入都之行，而二樵方在此复函中问及何时成行。另外，札中又谓“刘广文深爱拙作，宜令书吏抄一卷寄之。彼年富而身强，眼明而手敏，可以语此”。刘氏深爱二樵作品一事，也当系升甫来信所告知。此事又有助于了解二樵作品在外地的传播，当然，其中一定免不了升甫推动之功。

对于二樵致信升甫痛诋子才一事，冼玉清先生颇有微词。她在《黎简与袁枚》一文评论道：“余谓子才来粤之年，已六十九岁，而二樵仅三十八岁，其能求见二樵，谓为礼贤下士可，谓为爱才如渴亦可。二樵婉却不见可耳，而复致书升父骂之，毋乃过甚乎？”观二樵在第二札中“至其诗话，则有似所谓‘对夫淫妻，对父淫女’者，师生之道，在此翁无人相矣。即略行而观文，亦不足取。是直欲以韵语为宣淫具矣”等语，言语确实过于激烈，失之偏激，确是“毋乃过甚乎”。但深入了解二樵写此数札的来龙去脉，则可以说二樵在信中提及拒与子才见面之事并痛加斥责其人其诗，实是无可厚非。

如前所述，二樵写诸札中之第二札（即冼文中之第一札）的时间，距此事发生之日已经数年。而在此事发生后一两年间，如前所述，黎、袁两人屡有晤面或通函。在此期间，二樵应未与升甫谈及子才相访之事。若升甫原先已知悉其事，则二樵在札中无需隐去子才之名，亦无详述其拒见子才的直接原因之必要。

二樵之所以在此事发生数年后才在致升甫函中痛诋子才其人其诗，应该是受到某种事情的触发。就二樵与升甫之间的交往而言，触发二樵提及此事的原因可能是两人在信中讨论诗学。二樵与升甫相识虽较晚，但两人很快就成为莫逆之交，二樵将其与自己及吕坚等好友列入“六君子”之中。升甫生性好学，吕石帆在《赠袁子》诗中称其“好问不倦将毋贤”，在《送袁升甫序》中也提到：“今年春，升父以事羁羊城，数数相过，兄事余，时以白醅一尊，问文字平生所得力。”而二樵也年长于升甫，诗名比石帆更盛，升甫经常向其请益，自然是在情理当中。传世二樵论诗篇什仅六七篇，而以《与升甫论诗》一诗“尤见作者胸臆”（胡汉民致陈颙论二樵诗语，见《读岭南人诗绝句》卷七“黎简”条）。再加上此帖诸札多有论诗之语，可见二樵与之论诗最勤。因此，二樵诋骂子才，应是在与升甫论诗这样的背景下展开的，而非故意为之，为骂而骂。其所以反复以子才为反面教材，而且不惮言辞过激，应是担心升甫受子才之影响而走上邪路，由此反而可见其对朋友的谆谆之心。在第三札中，他自称“愚絮絮如许，不是讥古人不好，正是勉朋友作实力心血工夫耳，须为我解嘲也”，此语可视为二樵为自己在信中痛诋子才一事之自我解释。

如前所述，黎简之拒见袁枚，尽管有不少细节尚待厘清，但从二樵本人的记述中，已经证明确有其事。需要说明的是，本文仅就《邝斋藏帖》的有关内容，就黎简拒见袁枚这一段公案稍作粗浅的考释，无暇也无能力就诸札的其他内容展开讨论，对各札的书写年代也未有深入考证。所有这些，都留待高明进一步探讨。

客观来说，《邝斋藏帖》所收二樵五札，其最重要之处实际上是二樵论述自己的诗学主张部分，其中第一、第五札是通过批评袁子才而引申出的议论，第三札则通过介绍其本人的学诗经历而论及学诗的路径，其中“（元、白、皮、陆）四家诗，好处在了了，不好处在说尽。说尽故了了。文无余味，性命无余地矣”“东坡亦不可学”等语，都是颇堪玩味的。这部分论诗的内容在诸札中字数最多，所涉及者也极为丰富。又因书写体裁不同，札中这类论诗之文字远较其论诗之各诗更为细致和深入，因此其研究价值自然极高。学界此前在讨论二樵的诗学主张时，所引用之二樵本人文字，多取自其论诗之作，且其数量较少，仅有六七篇。而此帖诸札涉及论诗之处近千字，无疑在很大程度上丰富了二樵本人论诗的文献，对促进二樵诗学主张的研究大有裨益。

另外，由于此帖目前仅见中图所藏一册，而且札中不乏难以辨认之草书，因此，特将其余三札之释文一并附后，以供学界参考。不当之处，还望高明不吝赐教。

第一札

昨从省中一路来，日日风雨中看山，大有喜色。今者才出南门，见诸山即黯然销魂，甚矣，离思之系人也。愚之不得不还，足下深知，不复琐陈。但不知归家后尚作何如区处耳。屈指计日有限，署中坐如针毡，归后亦向荆棘上走。二者孰苦？往时实以闺阁过费清福，今日应有此委顿。自后再不敢不自溂砺。吾弟天上住，不知念及劳人否？玉体清安为慰。黎简白。

第三札

诗人爱引“眼前事”“口头语”二句，自得意，自恕过。试即以此语论：眼前事见着便行，口头语欲讲即发。再不审其义理，可不得耶？若其事其语合乎人心之安，公之天下，无起而是非之，则离合苦乐，可行一时，可语千古是矣。然未必尽能尔也。且文章之道，须究其本。言语文字之始，大都窔奥诘曲，句奇语重，一字数解，所谓尧典、舜典也。周秦汉魏六朝，何尝以甲乙帐簿为能事？自白香山辈一滥其觞，而天下后世懒惰不学种子纷纷借为口实。今试以香山、皮、陆诸集一读，又将唐杜、韩、三李一读，境地相去何许。更不必以前古诗歌较量也。吾弟有意学古，当从难处下手。愚廿三四以前，只是《文选》、庾集、韩、杜诸书，而行坐相随，惟昌谷为甚。明知昌谷非诗之至境，必欲从此下手者，取其不薄不佻故也。家君子当时为诗，觉之而不禁，其诗云："小儿昧心性，呕血事儒趋。岂解李长吉，元师屈左徒。"是欲导而上之，而自顾则未敢读屈子也。然屈子之难解，则有甚于长吉者。使不知昌谷，便可得屈子门径乎？大抵元、白、皮、陆一派，是中年人绝不可学，且不可看。看之三日之后则其浅率之态自然在心手流出。才人到晚年，不患不到元、白、皮、陆，还须要十分睁眼，着力踏着实地，始不落此派。此亦才士无可奈何底退境。到此时才力心思俱枯钝了，亦觉甚好，然实不好也。何也？四家诗，好处在了了，不好处在说尽。说尽故了了。文无余味，性命无余地矣。愚才力大不勇往，然使我作此四家诗，不愁作不及，只愁写不及。至稍思捡点，则有十日不能完一稿者。亦可想矣。吾弟才力少弱，与身体似，故切切以此奉勉。

更有一语：东坡亦不可学。学东坡，择其学韩文公者可也。愚絮絮如许，不是讥古人不好，正是勉朋友作实力心血工夫耳。须为我解嘲也。升父弟足下。黎简白。

第四札

日者即欲作书，心手乃大恶劣，十指如十忤奴当前不可使，奈何、奈何！又岁暮，千虑知否？皆不可动行，但有叹息。又复奈何！迟数日看动定可耳。升父足下。黎简顿首。

达堂马国权先生

吴　瑾

著名学者马国权先生的藏品“达堂藏札”近期在广州展出，反应热烈。让我想起四十年前与达堂马国权先生的一段因缘。从箧中翻出马生赐札五通，重读之后，往事历历在目。

我最早知道马国权的名字，是少年时从长辈的闲谈中。话说1957年首届中日书法交流展在日本举行，在参展作者中最年轻的两个是广州人马国权和吴灏。后来才知道当时马国权26岁，吴灏27岁。马国权的作品是拟“伊隶”的条幅“戎马关山明月夜，英雄心事美人情”，钤印“广州解放时十八岁矣”。可见出作者年少气盛翩翩公子的气质。当时马先生任广州特种工艺专业联社行政组组长，两年后随其业师容庚先生游历京沪等地，广结国内名流大家，为其学术生涯打下了广泛的人脉基础。

记得初次见到马先生，约是

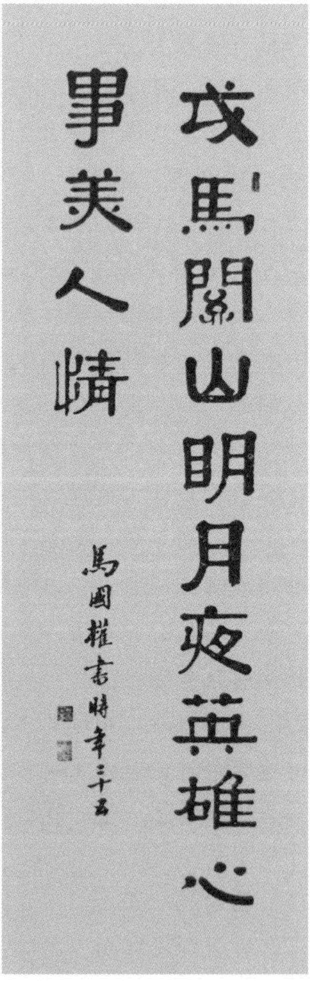

马国权条幅：戎马关山明月夜，英雄心事美人情

在1972年。我从海南岛农场回家探亲期间，有一年纪与我相若的年轻人从先父吴子复学写礼器碑，他是马国权的儿子马达为。那段时间马先生父子常来，商量为先父的用印拓印谱之事。国权先生身材壮实，谈吐儒雅，但我们交谈不多，仅认识而已。后来印谱拓好了，朱红的印钤润泽醇厚，旁款漆黑透亮，配上父亲自设计灰绿色的边框饰纹，一函四册，让人爱不释手。先父有机会购藏好太王碑原拓本，是经由马先生介绍，乃师容庚老先生割爱出让的。马先生从容老专攻篆字，有一联“考古上稽三代事，作书如对六朝人”书应“子复先生前辈雅令，癸丑（1973）春暮，国权敬篆”。马先生后来说，他早在上世纪五十年代中期就与先父相识。1962年先父在广州文史夜学院开讲“汉魏碑刻的书法研究”时，马先生便是该校最年轻的教员。1965年先父有张迁碑集字联书赠马先生。

1979年8月，先父谢世。彼时马国权先生已调任香港《大公报》，他第一时间通知港澳媒体，在《大公报》《文汇报》《新晚报》和《澳门日报》刊发讣闻。其后又撰文《记书

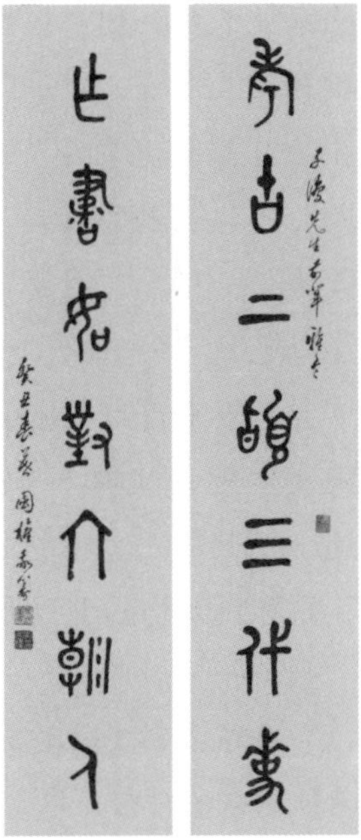

马国权书联：考古上稽三代事，作书如对六朝人

吴子复书赠马国权张迁碑集字联：鸿景常成字，禽言雅有诗

法家吴子复》刊登在香港《文汇报》。这对于处在悲哀之中的我和家人来说，慰藉良厚。今日看来，这可能是最早并较详细在公开报刊上介绍先父生平与艺术的文章。先父向来为人低调，不作自我宣传。上世纪五十年代后更“杜门称疾，终日跧伏”，自号“伏叟”，故外间对他知之甚少。除了1975年罗孚以笔名“吴令湄”在香港《书谱》杂志发表仅四百字的短文《吴子复来自野兽派》之外，就是马先生这篇文章了。此文对先父生平、油画、书法、篆刻、艺术方法和观点都有简要论述，足见马先生对乡邦艺术文化特别关注，平时注重文献资料积累和对人物的细致观察。文中不乏生动描写，例如：

我跟吴老认识在五十年代的中叶。那时他已接近六十岁。穿着红黑格的衬衫，镶上钉扣的牛仔裤，亮闪闪的黑皮鞋，像个西洋音乐家或别的什么洋艺术家的打扮，真不相信眼前就是“古方正药”的深得汉隶秘奥的书法大师。他个子不高，而身手灵活，这大概是坚持锻炼太极拳的缘故。平居沉默寡言，遇着友好来访往往只是微笑示意，讲话很少，他自己戏号所居为“麝瓶斋”。所谓“麝瓶”，就是俗语的麝香樽，是生怕泄了气的。这是极其形象的自喻，也可见此老的幽默感。

1983年夏天某日，我收到师祖胡根天老先生的来信，“瑾：香港寄来介绍子复报刊稿一件，希来看看……”信用箱头笔大字写成，当时胡老眼疾严重，不能写小字了。

我赶到盘福新村胡宅，一看原来是马国权在《大公报》上发表的《近代印人传·吴子复》，并刊出吴子复刻印六枚。胡老用放大镜艰难地看着剪报，嘱咐我转告马国权要在传主的简历中作些修改补充。我记下资料后，遵嘱写信给马先生。不久

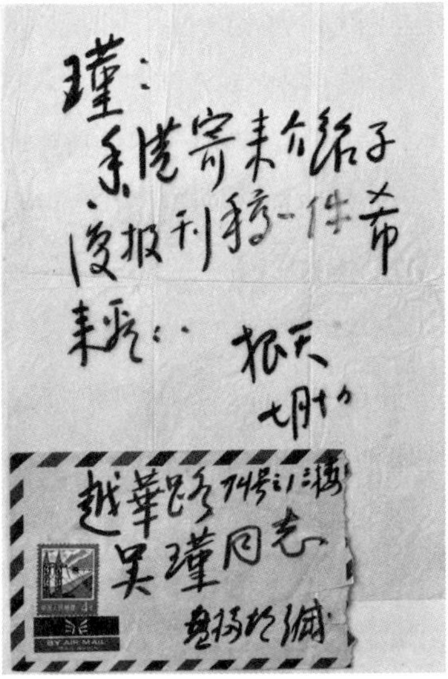

胡根天给笔者来信

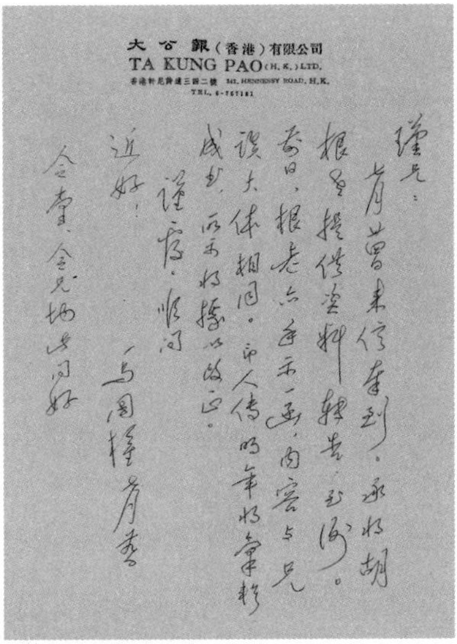

大公報（香港）有限公司
TA KUNG PAO (H. K.) LTD.

瑾兄：
月前曾来信奉到。承将胡根老提供资料转告，至谢。前日，根老亦手示一函，内容与兄谈大体相同。印人传明年将汇辑成书，所示将据以改正。
谨复，顺颂
近好！
马国权 月 日
令堂、令兄均此问好

马国权给笔者回信

马先生回信说："承将胡根老提供资料转告，至谢。前日，根老亦手示一函，内容与兄谈大体相同。《印人传》明年将汇辑成书，所示将据以改正……"看来胡老对我还是不放心，不避眼疾再亲自写信给马国权。一代宗师对学术的严谨态度和对爱徒的深情厚谊确实令我铭感五内。

此后我多有写信向马先生请益，当时马先生身兼数职，相当繁忙，但仍然耐心给我复信。第二年，先父印集《野意楼印赏》在岭南美术出版社出版。马先生收到印集后，随即以封面作插图，在《大公报》上发一消息。1987年马先生兼主香港《书谱》编务，来信告诉我："《书谱》拟于明年推出《近代巨匠》《当代巨匠》若干专辑。近代指已仙逝者，当代指健在者。吴老精于汉隶兼及诸体、绘画等。弟拟作一专辑介绍于艺坛。各体书迹为主，绘画及遗照插于文内。弟兼三机构工作，忙乱不堪，确实无法抽空撰写全面介绍一文。

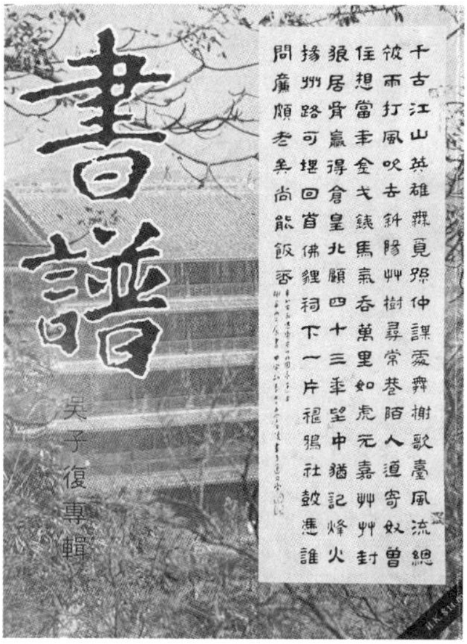

1988年《书谱》第三期

甚歉，甚歉……”要我准备稿件和作品照片等。于是我不揣浅陋，自己动手写了一篇介绍先父生平与艺术的文章，另请黄小庚先生撰写介绍先父隶书以外的作品和篆刻的文章，连同作品照片资料等一齐寄给马国权先生。1988年《书谱》第三期刊出了“吴子复专辑”。该期用四分之一的篇幅刊出四十几件作品，图文并茂地介绍了先父的艺术成就。这个专辑除了在省港澳传播以外，也引起外地的朋友对吴子复的关注，“补白大王”郑逸梅在他的《艺林散叶续编》中亦有提及。经由马国权先生撰写与刊布的关于吴子复艺术的文字，是为今日吴子复研究的先声，研究者多有引用发挥，如朱万章《吴子复的书艺及画风略论》、梁晓庄《岭南篆刻史》等。

马国权先生平生专注书法篆刻研究，成果是有目共睹的。他在当年那特殊时期，利用香港媒体出版的便利，着力总结揄扬岭南书法篆刻，如《广东印人传》的连载及出版，谋划乃师容庚老的《丛帖目》出版，以及鼓励支持何作朋撰写《隶诀歌》并作序推介等，为今日的岭南书法篆刻研究打下了坚实的基础，其精神心力都是可敬可佩的。

20世纪70年代中期在诗人陈芦荻寓所聚会。前排吴子复（左二），胡根天（左三）；中排陈芦荻（左二），陈角榆（左三），黄新波（右二），马国权（右一）

天偿俊物与钟情

——漫谈张乔文物之收藏

徐晋如

明末名歌者张丽人，名乔，字乔婧，因喜诵“铜雀春深锁二乔”之句，遂自名“二乔”。丽人生于万历乙卯三月十六日（1615年4月13日）酉时，卒于崇祯癸酉年七月廿五日（1633年8月29日）午时，年仅十九岁。丽人生前，与陈集生子壮、黎美周遂球、李烟客云龙、邝湛若露等文学节义之士，多有往还，尤与名士彭孟阳日祯相爱悦，有终焉之意，惜早夭未及嫁。丽人殁后十二年，孟阳为之营葬于白云山麓之小梅坳，三城名士，下及缁黄、名媛，人诗一章、花一本以吊之，黎美周亲为志墓。其墓遂名花冢，入清后渐称百花冢。孟阳又辑丽人诗词一百三十余首，暨自作悼亡诗百十首，及诸名士怀仙之作，哀成一帙，曰《莲香集》。时明室半屋，庄烈帝殉国，弘光帝遭俘，岭南士人多有投笔而起，毁家纾难者，孟阳此举，有告墓从戎之意，故美周于《莲香集》题辞勖之曰：“至若彭子，即此一片热肠，已足为君父用。余所以望彭子出而建忠孝大节。彭子钟情人也，其诗如此，其不负丽人，而忍负君父乎？彭子行矣！”兵败后孟阳归隐番禺钟山，终身不出。丽人师事之陈相国子壮，兵败被擒，不屈而死；丽人素相友之黎太仆遂球，赣州城陷，督健卒巷战，胁中三矢，与弟遂琪，仆卢从赞、梁义、陈广金等三十余人同日战死；邝舍人露，广州既陷，环列南风、绿绮台二琴，及宝剑、古器、图书、怀素真迹于左右，啸歌以待骑入，卒从容就义。其他友人，或僧或隐，

谈月色摹张乔婧小影

无一降清辱节。以视同时柳蘼芜如是所归之钱氏、顾横波媚所归之龚氏，薰莸不同如此。故清末潘兰史飞声《论岭南词绝句》咏张乔云：“为识双忠青眼定，莲香终胜柳蘼芜。”双忠者，陈文忠公子壮、黎忠愍公遂球是也。

丽人生前，能歌擅琴外，又善画兰竹，复以交结名士，多得品题，故其身后，多有相关文物传世。清初南海庞祖如嘉耋，曾藏有丽人画兰一幅，上有陈集生题诗曰：“谷风吹我襟，起坐弹鸣琴。难将公子意，写入美人心。”祖如藏之四十余年，后割爱赠番禺屈翁山大均。丽人所画之兰“凡两丛，生石上，叶长者五，短者八九，花已开未开者有七，叶细花柔，宛有露笑烟啼之致。兰根旁有小印一，文曰‘逢永’”。盖黄逢永圣年旧藏。今传世之乾隆重刻本《莲香集》卷二《怀仙志》，即以逢永怀仙之作居首，殆可想见二人交谊之戚：“胜览何如此，

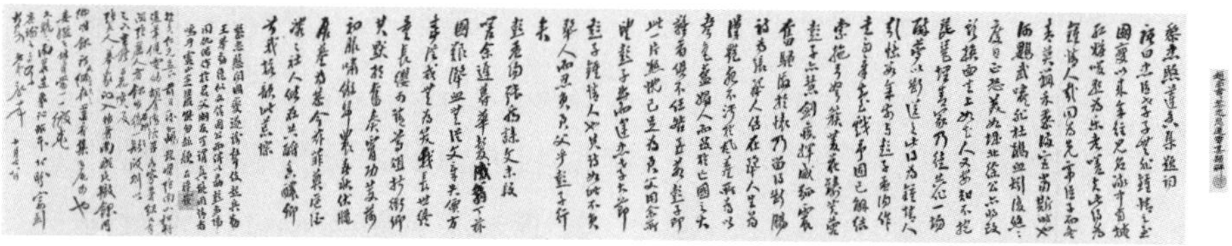

《莲香集》题词

临高一怆神。谁知台下雨，故是梦中人。赋色今犹丽，游踪久已尘。楚宫亦湮灭，虚忆细腰春。”翁山谓逢永尚有赠兰妓诗：“试问兰妃下兰畹，青兰何似紫兰佳。”即为丽人而作，又有《九曜山房对梅赠歌者张乔》诗。二诗今皆不传。清康熙二十一年壬戌（1682），翁山见黎美周手书张乔诗三绝，其一为《送黎美周北上》：“春雨潮头百尺高，锦帆那惜挂江皋。轻轻燕子能相逐，怕见西飞是伯劳。”另二首为《将离曲送李烟客》：“子夜征歌特底忙。奈何花月是离觞。春江千折牵游舸，若个津头柳线长。”“香作飞尘玉作烟。轻寒微月养愁天。梅花本是江南弄，一叠关山倍可怜。”翁山以为，诸诗“皆清婉多风，得诗人比兴之旨”“读之恍然想见其为人”。又曰：“嗟夫！文忠忠臣，美周亦忠臣也。乔一女子，而三诗一画，乃藉二公以传，乔一何幸而得此。建孟亦有乔所画兰一幅，予谓建孟盍题诗其上，并以赠予。予将从戴氏乞取美周所书三诗，并陈中洲给谏之跋，装潢为一大轴，出入提携，以为吾忘忧蠲忿之一物焉。”建孟，汤晋字。陈中洲给谏，系子壮弟子升，与丽人年纪相仿，尤擅制昆曲，亦丽人生前铭心知己者。翁山所得兰幅，及美周手书三诗、汤建孟所藏兰幅，今皆不传，殊可叹惋。今存丽人真迹，殆仅《南园诗社诸子送黎遂球公车北上诗卷》中《送黎美周北上》诗字耳。

《南园诗社诸子送黎遂球公车北上诗卷》曾为清末诗人黄晦闻节所有，晚年谓王禾湄蘧曰，“宁忍穷乏，不欲藉是易粟，白头期守，共葆岁寒”。下世后，始因家人之托，由王蘧携以售叶玉甫恭绰。玉甫以为，卷中丽人遗墨《送黎美周北上》诗，“世间可决无第二本”，又申论云：“此卷中名人手迹，固皆可珍，然可信尚有存者。独二乔之诗字，必为孤本，则无可疑者。以其早慧早死也。”此件在玉甫藏品中，亦极宝爱清秘甚至。1936年春，玉甫跋陈蒙庵运彰藏本《莲香集》云：“余前年自粤得二乔墓志拓本，续得潘兰史藏本，复承蒙庵道长以此本见示，顿发幽情，爰以二本互校，手录所缺，期均成完璧。荏苒经岁始卒业。其二本悉缺者，以俟他日补亡。先以此本归之蒙庵，并志缘起如此。黄晦闻所藏南园诸子送美周北上诗卷，近为余得。二乔送美周诗即在其中。蒙庵其羡之否？”1954年再跋是卷，自谓：“因重乡邦文献及故人之托，十年来流离转徙，护如头目。虽其他藏物星散，此终在行箧中。”1940年春，玉甫避难香江，联合在港广东人士，发起“广东文物展览会”，于香港大学冯平山堂展出。有关丽人之文物，书画类有张乔画三件：兰轴，叶恭绰藏；兰石，黄子静藏；明金画兰扇面，孙仲瑛藏。典籍类有张乔《莲香集》三部：徐信符藏，叶遐庵藏，黄雨亭藏。今按玉甫所藏兰轴，及其他署名张乔之兰竹扇面、兰石立轴、兰芝图，题款字体，与南园诗卷中丽人字迹殊不类，反与孙仲瑛藏丽人兰扇面款字如出一手。此扇面原为潘兰史翦淞阁旧藏，兰史殁后归孙仲瑛，上有题诗一首，曰：“盈盈秋水写潇湘，欲把闲情寄淡妆。谢却离骚怨公子，云边分得可人香。”款署：“丙辰秋并题于莲香深处，天涯沦落人张乔。”旁钤二乔朱文小印。今见藏于香港艺术馆。考丙辰岁丽人年甫二龄，此扇面绝非丽人手泽可知。兰史臆称，丙辰系戊辰之误，汪憬吾兆镛据以记入《岭南画征略》，恐无以服人。此件蔡寒琼守于兰史殁后，尚眷眷不已，曾驰书沪渎友人吴仲珺，托访之未果，盖不知其为赝鼎也。

《莲香集》向称广东文献中之秘籍。隆武原刻本以清初触忌之故，流传极稀。屈翁山编《广东文选》拟访此书，遍搜不得。仅闻诸其友人汤建孟，谓少时尝见是书，“诸诗人挽张乔诗及乔传墓志，孟阳集为一编，载某人栽某花卉，而刻乔遗像其上，字画精丽，殊可玩”。乾隆中，顺德梁药房麟生，偶于市上败书得之，酷爱非常，寝食必偕。将死，嘱其子曰：“必以殉我。”自后隆武原刻遂不见于各家著录。药房生前，曾将原书重作编排，分原书前后卷为四卷，乾隆三十年（1765），药房子梁澧隅釪，又附自屈翁山以下至乃父所作诗文，为《重刻莲香集续编卷五》，写讫上版。此书写刻俱精，艺林比之《海雪集》。刻成九载，广东“文字狱”亦起，一时省垣风声鹤唳。澧隅又将原板所刻黎美周、邝湛若、屈翁山诸公姓名铲去，重印若干部，以换回前印本销毁。故今存世之本，大多为后印铲去人名之本。而此后印之本亦甚难得，蔡寒琼守尝悬金市上十年不获，后假得潘解中和、汪憬吾兆镛、黄慈博佛颐各藏残本，命其室人谈月色抄成一帙。今藏南开大学图书馆。汪憬吾藏本，梁澧隅藏本，今藏香港大学冯平山图书馆，其书系乾隆后印本，原为残本，汪氏倩钱塘金希农德枢补抄成完帙，又据赵石禅藩向湖精舍藏本补字，重装为四册。金氏补抄，与原书若出一手，精雅绝伦，且于存世

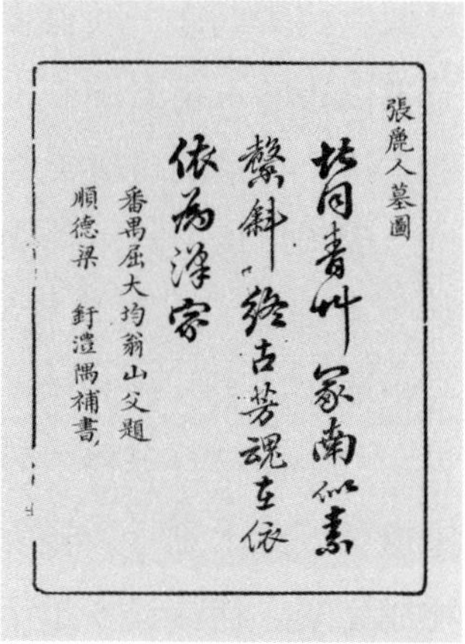

乾隆重刻初印本《莲香集》内页，本页中“番禺屈大均翁山父题”一行，在后印本中遭铲去

诸后印刻本中，最接近未铲去人名之乾隆前印本，诚稀世之宝。此书亦可见汪氏与盛澹逋景璇死生交谊。己未（1919）春二月，憬吾“独携酒酹张丽人墓归。有小黄蝶栖衣褶间，依依不去。行十余里至小旗亭，遂忽不见。心窃讶之”。因募名手，拓得黎遂球《明歌者张丽人墓志铭》碑文，又取伍崇曜刻黎遂球《莲须阁集》，细加校勘，考证《莲须阁集》所载丽人“已委身人妻”不合史实。澹逋偶得残本《莲香集》，狂喜出示，请汪氏题诗，遂题八绝句云：

漫笑珠江荡子辞。低徊身世有余悲。娟娟素素皆凡下，争似南园弄墨时。

陈（文忠公子壮、弟子升）黎（忠愍公遂球）座上尽奇才。忧国深心寄酒杯。太息仓皇春梦醒，霜吹血碧岭头梅。

琴歌剑侠契生平。未是青楼浪得名。一去不知亡国恨，年年花冢自清明。

载酒南濠烛影摇。追踪飞絮祝生朝。千金市骏彭郎意，却胜秦淮马月娇。

画兰题字足脩闲。学士高风不可攀。今日彩舟何处是，冷烟萧瑟锦袍湾。

一花半茗集词人。我读残编为怆神。王（邦畿）李（贞）欧（主遇）黎（邦瑊）诗句在，欷歔都是老遗民。

小梅坳畔黯平芜。宫柳梨花剩几株。胜事百年犹省记，琴山词笔墨池图。

梁痴愿效兰亭殉。屈选都难艺苑搜。（罗天尺《五山志林》云：梁麟生购得《莲香集》，酷爱之，寝食必偕。将歿，嘱其子必以此书殉。屈大均辑《广东文选》，遍搜此帙无存，梁宝之，固其宜矣。）岂独此编惜零落，故书谁问大桁头。

其八收入作者本集，又改为：

残帙钤朱小篆章。雄关痛饮又吴娘。（集首有小印，文曰：“携吴娘出山海关登万里长城痛饮度曲”十六字。不知谁氏物也。）此编岂易人间有，合付风流盛柚堂。

憬吾题诗未久，偕澹逋秋游濂泉，归途过旗亭小饮，语及为丽人身世辨诬事，澹逋遂谓宝剑宜赠烈士，乃以《莲香集》残本相赠。不逾月，澹逋竟以微疾下世。憬吾复题诗二首：

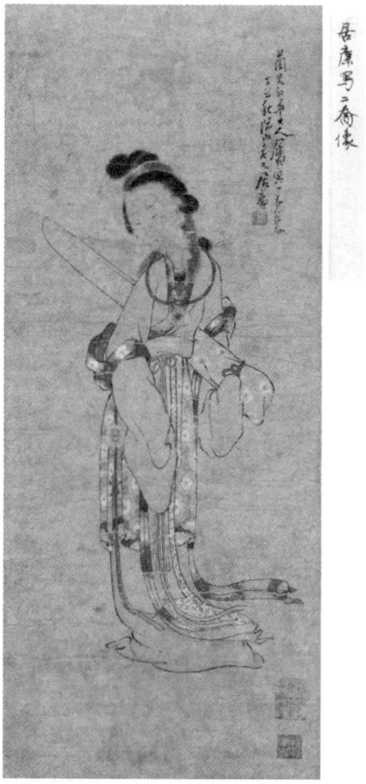

居廉写二乔像

濠上凄凉一草堂。遗编手赠忆莲香。兰亭不效昭陵殉，应笑当年梁药房。（《五山志林》云：《莲香集》一书不易得，屈翁山辑《广东文选》已遍搜无存。乾隆时梁药房麟生于冷摊上购得，绝爱之，寝食必偕。临殁，属其子曰：必以殉我。罗天尺哭以诗，有“死不相离是美人”之句。）

志节文章不可诬，伍（崇曜）谭（莹）校刻竟悬殊。丽人冢志分明在，持证弘光片碣无。［《莲香集》卷首载黎忠愍所撰《张丽人墓志》云：乔年既长，其母欲择优赘焉，顾乔志存文雅，思得词采有心之人事之，时时虞人见夺，间有觊为落籍者，每婉转托辞，谓母钟爱不能离，且委身人妻，聊胜于入他人手，吼狮换马，随人飘泊。词义甚明。乔冢上明弘光元年志石，虽岁久剥蚀，而字迹尚可辨认。第一行“球撰”二字，第四行“婉转托辞”四字尤昭晢，而南海伍氏刻《莲须阁集》载此志，于“择优赘焉”句上脱去“欲”字，“委身人妻”句误作“已委身为人妻”，“婉转托辞”四字则竟全没之，于事实大谬。光绪二十年（1894），香山黄艺香同年绍昌重书黎志刻石，亦沿伍氏之误。不有此编之存，二乔不几沉冤莫雪耶！］

憬吾谓集首印文不知谁氏物，余考得属陆石孙应暄。陆氏既得是书，尝作《题张二乔莲香集》诗，见《素心兰室诗钞》卷四。又同卷《戊戌礼闱发榜前二日偕吴文鹿孝廉李小娥女史林银珠校书出山海关游栖贤寺登万里长城听银珠弹琵琶度曲即事感赋五首》，有“吴娘二八艳蛾眉，一阕燕歌一阕悲”之语。今此书上亦钤“石孙游戏文字”之印。光绪十六年（1890），石孙尝发起重修百花冢之行，并撰《故明歌者张二乔墓表》。其景慕丽人之心，固已先憬吾而发泄之。此书自石孙、澹逋而至憬吾，皆不出钟情人手，殊见缘法。

叶玉甫萦心张乔文物多年，始则在粤得丽人墓志拓本，又得《莲香集》于潘兰史家中。流离香江时，玉甫尝偕同人，为张丽人生日纪念，邓昙殊芬净墨绘二乔像，玉甫撰《百花冢》粤曲，歌者罗梦觉为众人歌之。玉甫有《浣溪沙》词以纪其事：

文采风流合二乔。百年犹觉殢人娇。百花生日又今朝。　兰笑似闻弦解语。莲香禁得酒同浇。兵尘惆怅满红箫。

时当抗战相持，同人仓皇未已，叶玉甫感慨道：“呜呼！何世何年，此物此志。古愁今恨，能不依依？乔倩有灵，当兴同感。”1954年，玉甫在京犹萦心于百花冢之保护，遂致函粤中友人罗翼群，嘱为寻访，讵知同人五月三十日、七月十一日两度寻访（第一次往访者：侯过、胡希明、张友仁、罗翼群、刘华欢。第二次往访者：姚雨平、侯过、黄枯桐、罗翼群、古直）。未果，其迹已迷于新建筑中。玉甫得罗翼群报，“阅之若受电激”，叹道：“噫！是余之咎也。设余早为之所，当不至是！彼苏小、贞娘埋骨之区，历劫犹存，列为湖山名胜。如二乔者，风流文采，视二人有过之。《莲香》一集，至今读者犹有余慕。且其时与陈集生、黎美周诸先烈往还，渐摩沆瀣，殆亦非苏小、贞娘比。而一坏莫保，能不令人感叹耶？”又赋《瑞鹤仙》词以寄慨：

闻广州考古诸君寻百花冢不得感赋。寄子约、翼群、层冰、锡永、玉清、秋雪诸子。

梅坳迷旧迹。兰径杳、莫问当年化碧。晴眉共凝寂。痛兴亡满眼，珠江潮汐。徘徊自惜。胜雀台、空锁怨魄。甚萧条异代，有酒难浇，废垄寒食。犹记春残海角，试谱新声，百花生日。哀吟恻恻。聿朝露，意谁识。怆从今输与，苏坟薛井，一坏犹引游屐。剩红楼梦断，愁望故山咫尺。

居廉绘张丽人小像

玉甫尝倩敦煌画大家潘絜兹，据《莲香集》中赖傲摹像，绘成

《明末张二乔女士像》一帧，此词暨前所作《浣溪沙》词、《百花冢》粤曲同题卷上。晚年以此图并南园诗卷、张乔兰幅、《莲香集》捐与广东省文物保管委员会。南园诗卷、张乔兰幅及此图今并在广州市艺术博物院，《莲香集》原藏广州市文物考古研究院，今仅剩复印之本矣。王秋湄《南园墨痕》在《逸经》杂志发表时，有插图张丽人像一帧，谓叶衍兰作，为其孙叶玉甫所藏，今则不知在何许。

家富二乔文物者，尚有顺德蔡寒琼。蔡寒琼、谈月色夫妇于1921年和1934年两度借阅汪兆镛、潘觧中、黄慈博各藏《莲香集》，先以三家藏本抄成一帙，又以三家本与严邦英崇宝阁藏本对勘。余考证黄慈博尝有二本《莲香集》，一为乾隆重刻后印本，今藏加拿大不列颠哥伦比亚大学（UBC）图书馆，一为道光复刻本，人名姓字俱全，唯道光复刻未见乾隆重刻前印之本，故所补人名未尽准确，卷五亦略有阙文。今不知落在谁家。王可老20世纪80年代尝以影钞宋体字《莲香集》赠粤剧编剧张云青女士，推断其或自道光复刻本影钞，惜云青女士以车祸早逝，故此书终亦不知下落。寒琼尝命名手张金，将黎遂球撰《歌者张丽人墓志铭》精拓数百本，及墓前妆台石上刻“百花冢”三字。甲戌（1934年）九月廿七，寒琼与其小星谈月色，发现妆台石上彭孟阳题字，越日犯雨拓之，此拓本倩得当时名家如章太炎、陈石遗、吴霜厓等名家题诗，复以黄宾虹《小梅坳图》附裱，谈月色以瘦金小楷，抄赵石禅《张乔小传》于画上，极可宝爱，今为广东省博物馆收藏。寒琼尝命其妇张倾城据《莲香集》前赖傚摹像重绘巨幛，石禅为题诗其上：

乔家二美具，天上一星张。惜枉氤氲使，难为姽婳妆。楚魂招澧浦，汉曲咽河梁。莫倚凌波步，而今海变桑。

纸上惊鸿影，翩然是也非。何时明月海，是处彩云飞。阿母心知惜，天公愿总违。为郎憔悴尽，一幅认崔徽。

美人黄土恨，遗冢百花香。题碣黎忠愍，挥金彭孟阳。洛神归缥缈，河伯聘荒唐。儿女英雄泪，双流到海长。

海应难贮泪，山亦不埋愁。此豸人千古，群公貉一丘。气吹兰郁郁，寒倚竹修修。便借瑶琴谱，哀音满指秋。

款署：清河夫人转摹此像因赋五律四首题之乞寒琼道兄两正。此画尝于《禺山兰桂》一书见其照片，而余穷天入地，始终不知藏在何处，殊为怅憾。

至于蔡守精拓黎遂球墓志铭，赵藩尝得一份，亦有题诗：

瘗玉埋香土一堆。百花常绕墓门开。白云山涧清明节，时有游人上冢来。

江南娇小岭南行。妙舞清歌最擅名。罗袜凌波妖梦践，华年十九可怜生。

营葬营斋泪万行。小姑何必嫁彭郎。至今一卷莲香集，断尽人间侠士肠。

忠愍犹留志墓辞。文忠亦有画兰诗。圣贤仙佛皆情种，龌龊须麋那得知。

魂归清夜谱丝桐。宰树萧骚鹤背风。年纪犹书福王一，知应凄对月明中。

南园诗社冷烟芜。好事今推蔡哲夫。拓赠丽人碑一纸，箧中也抵岭南珠。

此志既拓过数百本，不知何故近二十年拍卖市场寸楮未见。余亦以不得此墨脱为恨。光绪二十年（1894）孟冬，香山黄绍昌据黎遂球《莲须阁集》重刻张丽人墓志上石，此石虽记载二乔身世有大谬，误记丽人已嫁优伶，但今百花冢既早迷于云山深处，欲得原文，仍须自拓本求之。余幸自北京大学图书馆得睹藏品电子版，而冯秋雪所藏黎、黄新旧二志拓本合帧，题跋者夥，惜哉至今未见。

1934年，谢抱香与伍佩琳、蔡寒琼、黄祝蕖、陈铁儿、陈荆鸿、伍佩琳、冼玉清、苏世杰、谈月色、陈述叔、黄慈博、李健儿、易剑泉等辈，倡议重修百花冢，重刊《莲香集》。组一社曰丽社，先假地长堤青年会，于张丽人生日（夏历三月十六日）举办瓶花会，中供丽人小像，江孔殷太史等任评委，伍佩琳以宜兴白泥瓶补丽春膺上赏。蔡寒琼则以为，第四名何觉夫人之出品“韩瓶中插连翘一株，一小枝向上而微欹，一大枝向下而斜亸，花态题曰大垂手，真得美人舞态”，且花语“铜雀春深”，与张丽人芳名二乔暗合，允称全场之冠。甄陶美人劲节瓶花亦评优等，遂题词曰：

踏莎行

蕉号美人，柏原劲节。银瓶并着呈芳烈。为褒菡萏出污泥，喜蒙太史抡前列。濠畔归魂，梅坳冷月。百花冢下珠江咽。彭郎恻恻百章诗，为卿呕尽心中血。（彭孟阳有《恻恻吟》百绝附刊丽人《莲香集》。）

寒琼因任南社广东分社社长故，与海内吟坛多通声气，且自十余年前，即留心张乔文献，又尝以1933年癸酉夏，与其妇谈月色、友人区梦良、姚得赐过百花冢，种以云南赤松子而归，故由彼出面，邀请同人题诗。然重修冢墓事不果行。1936年丙子，白云山划入中山大学附属林场，时中山大学教授古层冰直亦为南社社员，遂作四绝句呈校长邹海滨鲁，冀其为重修百花冢、重刊《莲香集》拨款，又望能重刻黎美周《歌者张二乔墓志铭》上石：

生死相邻到二忠。情天芳洁欲谁同。忘忧蠲忿都须汝，一卷莲香似国风。

霎时变徵抗风轩。松柏谣传血泪殷。天为汉家完国色，先驱地下启南园。（乔死一纪而国变，二忠殉国南园散。）

香尘玉化海为田。犹碣弘光第一年。执绋诸公尽忠孝。挽歌传出古今怜。（集首卷载黎忠愍遂球所作墓碣，署弘光元年立。碣中记送葬之人如陈乔生、黄虞六、梁渐子等，皆一代闻人、胜朝遗老，大节凛然，不亏忠孝者也。集又载忠愍题辞云：语曰：忠臣孝子无非钟情之至。彭子此一片热忱，已足为君父用。余所以望彭子出而建忠孝大节，彭子钟情人也，其诗如此，其不负丽人而忍负君父乎？彭子行矣！盖忠愍起义而约孟阳同仇也。集卷二怀仙志皆哀挽二乔之作。）

白云山畔草芊芊。闻道芳魂在此间。欲乞传芳一枝笔，重题忠愍福王年。（二乔墓在白云山北小梅花坳，今国立中山大学林场，未到公安桥路左之苏家山下，编列第十号者是也。忠愍写刻墓碑，久已漫漶，重书刻立，以彰三百年来忠臣义士缠绵悱恻之思，雅事亦盛事也。）

唯海滨并未首肯，答诗曰：“芳冢属管领，妆台石未移。辟路兼植树，林场职所司。古迹例须保，风雅宁敢追。况此一块碑，忠愍之所贻。芳烈尤未沫，能不令人思。”海滨不同意重勒墓铭，以为古迹不应重造，仍须保持原样。但为百花冢辟路植树，却是林场该有之责。丽社诸人，只得另作他图。社人李桐庵遂希望效咸丰乙卯（1855）故事，醵资重修百花冢，作一启云：

小梅坳里，佳人埋骨之乡；莲香集中，词客伤心之赋。是以钱塘苏小，穴连武穆忠坟；虎阜真娘，冢傍生公慧石。吊朝云之墓，事记东坡；访素馨之斜，艳传南汉。况复芳魂归垄，得依宝象之林；微步凌波，乃符铜雀之谶。今则江山依旧，花木无存。我辈钟情，谁能遣此？此本社同人，所以发起重修明彭孟阳所营张二乔之百花冢也。

若乃江桥族姓，命薄如花，白下家乡，身轻如叶。碧玉本是小家之女，绿珠原住双角之山。乃仃伶母女，方憔悴以依人；而迢递关河，竟凄凉而度岭。于是书校枇杷，名喧濠畔；歌迎桃叶，身隶章台。从此半篙春水，怅别恨于绿波；一带女墙，种相思于红豆者矣。

则有陇西才子，岭南词人。具迈俗之姿，萍成絮果；遇倾国之色，藕结莲因。擘茧联吟，燃脂互写。当绮筵之未撤，聚蜡泪以成堆，叹觌面之何迟，已芳心之暗许。方冀鹿车载欢喜之缘，天无离恨；驾牒乞氤氲之使，月是圆舒。无如秋蚌魂销，春蚕丝绕。前身佛国，偶现优昙；此日神妃，遽归水府。呜呼！莲出污泥，心含净果；桃开露井，命短东风。当其时，陈秋涛之刚直，为别清讴；黎美周之端严，代铭幽圹。遍征名士，为葬倾城。洵前辈之风流，极一时之韵事也已。

迄今陵谷变迁，沧桑迭换。剔藓寻碑，叹苍凉之触目；披荆觅径，弥感慨以兴怀。用敢吁恳多情，召集同志，采花酿蜜，集腋成裘。义高者慨掷兼金，力薄者亦栽一树。庶几晓风杨柳，百花复曩昔之观，残月棠梨，午夜有咏吟之魄矣。

此文诚如引述者马二所云，“词句秾艳凄清”“咳朱唾玉，雅韵欲流”，然亦如咸丰乙卯（1855）同人之倡重修百花冢而不果。咸丰时番禺陈奎垣起荣亦尝有骈文小启，倪鸿抄入《桐阴清话》，“企他日有起而始终其事者”。终于光绪十六年（1890）陆应暄主持重修。

1936年重编《莲香集》，主事者为伍佩琳。伍氏出其藏本为底本，陈铁儿协助校对。此书至20世纪70年代，尚有人以为系邹鲁所印。杜少牧言其“束发受书时，得邹海滨先生重刻的《莲香集》”，谓此书“铅字合订为一本”“遭逢丧乱，今已无存”。而据邓超时回忆，除《莲香集》原文，尚有“邓秋门《小雅楼集》之《百花冢记》、番禺陆应暄集之《张二乔墓表》、《广州府志·古迹》之《张二乔略记》、《中华大辞典》收入之《张二乔姓名事略条目》”等，唯此铅印重排之本，殆绝于天壤，迄无影响，余多年渴思一见而不得。维时胡毅生主编《南华月刊》，自第一集第二卷，至终刊之第一集第四卷，以聚珍体排印，分期连载《莲香集》原书卷首、第一卷，并重编目录。该刊所载《莲香集》，底本得自黄慈博，今藏加拿大不列颠哥伦比亚大学图书馆，原书盖乾隆重刻残本，而据道光复刻本校补者。其时寒琼、月色夫妇亦编出一部《莲香集外编》，以作为重编《莲香集》之卷六，仿原书版式字体刊行。其目如次：

张乔小传（赵藩）

书重刻张乔墓志拓本后（汪兆镛）

附录（桐阴清话、柳堂诗话、松轩随笔、东溪诗话、同上、同上、南船北辙录等记载七则）

百花冢（桐阴清话）

百花冢（广东考古辑要）

陈良玉咏百花冢（广东学海堂四集）

百花冢（刘世馨粤屑）

彭孟阳传（粤台徵雅录）

赵藩手书小横幅跋尾

题张二乔莲香集八首（汪憬吾）

题张倾城摹像四首（赵藩）

潘飞声同作（按即第七卷之题莲香集）

徐珂同作

徐珂西子妆一阕

王蕴章诗二首

寒琼赠张乔倩墓志墨拓因撮乔倩遗事为诗六首题幨首（赵藩）

为谈月色金石尼题明彭孟阳百花冢碑字（吴应骐）

寒琼蔡先生月色谈夫人惠合作梅石一帧并赠明末彭孟阳百花冢碑字题诗索和谨步原韵呈正（吴应骐）

元月初四日伍子佩琳招集白云山麓倚云别墅席间畅谈明末珠江名妓张二乔故事及拟刊行二乔遗著莲香集宴罢夕归赋此呈谢并柬同座诸子（甄陶）

读张二乔莲香集因访百花坟故有感而作（甄陶）

伍子佩琳与谢子英伯黄子慈博于张二乔生日开瓶花展览会惠函征求出品赋此呈政（甄陶）

奉题寒琼月色贤俪所拓彭孟阳摩崖墨本（邵祖平）

又次原韵一首（邵祖平）

题稳心石拓次均吴蘧叟并谢月色同社治印之惠（吴恭亨）

寒琼先生与月色夫人访得百花冢孟阳石刻赋诗索和依韵率成两绝录呈郢正（许树枌）

寒琼世丈与月色夫人访得百花冢妆台石孟阳题字以诗属和敬步原韵成两绝录呈教正（许涛初）

乙亥初春寒琼社长以伉俪同访百花冢明石刻诗属和次韵奉酬录请郢削（路朝銮）

蔡寒琼先生偕夫人谈月色女士新拓彭孟阳百花冢题字蔡君及章太炎诸子均有题咏刊登北平艺林月刊承书属和即次元韵率成四截呈政（甄陶）

蔡寒琼谈月色两雅伴拓赠明彭孟阳日祯百花冢碑字征诗作此呈教（吴恭亨）

此书今仅存孤本，与谈月色钞本《莲香集》同藏南开大学图书馆。寒琼征诗时，欣得老友周养庵肇祥从宣南所寄象齿一方，上镌“茗战淡成醉”白文。印款隶书八字二行：“乔仙佳句，属蔡姢作。”寒琼以为系二乔遗物，今仍藏蔡家。寒琼另藏二乔玳瑁扇柄，上镌“乔仙清拂，阳子”。又有印文曰“彭”。殆彭孟阳所赠。今亦藏蔡家。余按彭孟阳《恻恻吟》六十六：“遗扇有诗长把咏，娟娟犹忆梦中来。”其即此扇乎？南明弘光乙酉（1645），诸为二乔营葬植花名公中，有蔡元友者，寒琼曾得其赠丽人之画眉砚，今不存于其家，下落待访。寒琼正室张倾城、侧室谈月色，皆有二乔画像传世，重修百花冢、重刊《莲香集》皆得寒琼、月色倡议，又为丽人上私谥曰“淑都”，谈月色且作《私谥张二乔议》，以张其说：

窃闻隔纱授礼，号韦母曰宣文；揽镜毁容，标梁媛以高行。皆播异迹于璇闺，永饮香名于弈世。若夫才不必传经，而藻如玉琢；节不必化石，而亮媲冰清。前身明月，不染埃尘；没后香莲，长留缣素。如张二乔者，诚绣阃之轶材，艺林之妙选也。迹其绛唇宛转，三日绕梁；翠袖飘扬，八风入座。固非堕溷之花，亦异绝云之凤。而乃峻卵青鸾，鸣惟对影；羊家素鹤，舞不因人。似捣霜之云英，薄偷嫁之碧玉。所惜雍伯种璧，未暖蓝田；公主妻河，竟践妖梦。空留宓妃之枕，难逢鱼岭之车。然而高楼玉轸，虽怅离徽；东壁牙签，尚余写韵。传黄绢之词，集中千叶；识春风之面，冢上百花。不有佳号，曷称芳徽。同人谈月色、罗青照等，谨上私谥曰淑都，淑着其德，都表其容。绎静女之瑶章，贻予管炜；假端门之缥笔，锡彼衮华。

寒琼夫妇，对二乔揄扬之劳甚至。故寒琼得其佳句之印，深感厚幸，谓皆淑都有灵，以其俊物偿之。此语深中余心，余穷治《莲香集》七载，亦尝累得俊物，盖亦乔仙有灵以赏余者。

余之研治《莲香集》，始自2017年。初，余尝与业师沚斋先生同编《百年文言》，遂得睹中山大学20世纪30年代古直任中文系主任时所编之《文学杂志》，其第十四期曰《南园诗社纪念专号》，余读古直《莲香集小传》《明南园诗社女侍张丽人传》，始知世有张丽人其人。其时李桐庵哲嗣李国器先生，赠余《莲香集》乾隆重刻本复印件一份，嘱为点校。此件得自中山大学图书馆，为乾隆重刻后印本，不但黎美周、邝湛若、屈华夫诸名字被铲去，且缺一页。余又自《广州大典》中复制出严氏崇宝阁本，持之与香港大学、加拿大不列颠哥伦比亚大学、南开大学诸藏本对勘，并结识海上藏书家宗旨兄，得睹胡文楷钞本，终于借以恢复乾隆重刻初印本之面目。又据诸家记载、引述之蛛丝马迹，大致推断出隆武原刻之面貌。2022年11月，友人梁礼堂忽在港为余购得乾隆重刻初印本《莲香集》残本，虽仅有卷首及前二卷，已为星凤可珍之孤本。时四海如鼎之将沸，余避居海隅，得此诚徼天之幸，遂倚调《绮寮怨》一首以纪之：

绮寮怨

题莲香集残卷。十月五日礼堂在港为余购得，无憀人生，稍添亮色。

恻恻悲歌生纸，吼风长剑鸣。蓦海雨、噀入残秋，幽芳记、莳遍佳城。谁能红妆拥笑，高阳裔、碧血拼染缨。怨镜箫、不引孤凫，空山寂、杜宇徒恨声。　夜久尚移短檠。香尘玉屑，看来字字冰清。寄意鸿冥。倩魂远、正骑鲸。常应费伊纤指，梅坳里、响盈盈。云山更青。凄凉藉卉地，愁未醒。

末三句，乃谓自2019年3月16日，余偕诸同人谒百花冢前妆台石后，屡登山访墓，2019年12月29日，为迷阳伤足，膺血痕若干道，而终觅得一荒圮之坟，绝似1936年蔡守等人留影之百花冢，唯三年中世情翻覆，终不得确证。思之良可嗟叹。

余在2018年8月，偶检索雅昌拍卖网，知2017年3月24日，广东崇正曾拍居廉《二乔像》立轴一幅，然竟流拍。此图为抱琴仕女立像，款署："兰史仁弟大人属写二乔象。丁丑秋隔山老人居廉。"印文白文"廉"字。余知其必为潘兰史得《莲香集》后，以图像相属，遂托某女史为介，欲得此件。崇正覆：此件虽流拍，会后即为人买走。余又问：欲得其惠让，不知为价几何？买家覆：当容彼思考。余亦不敢催促，恐其坐地起价耳。荏苒半岁，余又再以此事相询，崇正覆：买家已定不出售矣。余怅悔不已，2019年3月16日丽人生日，与诸同人于妆台石前作祭，絮絮言说，忽见此件将于3月25日在中国嘉德上拍，余惊喜如狂，当即订票入京，终于得以珍弆。得此像余欢欣不已，遂颜吾室曰丽隐廔，不过二刻钟，成文一首以志之：

丽隐廔记

徐子既得隔山老人缋二乔像，虽十五城不啻也，遂颜其室曰丽隐廔。丽者前明名歌者二乔张丽人真也。徐子楼居城曲，十有九年矣，向不名其居，今名之者，何耶？曰青春弹指，沧海扬尘，明日茫茫不可知也，既宝其真，亦自写己志而已矣。

客或曰：梦圆丽隐，得非范公恬退江湖之意？徐子嘿然不知所答。退而叹曰：方其轻舟鸱夷，卷怀湖陆，斯宁非隐者耶？方其辟鸟喙而逸走狗，用计然之余策于其家，斯宁欲隐者耶？方其拒立逃命，西依昌伯，斯宁非隐者耶？方其叩马谏以仁孝，忍饿歌以怨词，斯宁欲隐者耶？方其采菊悠然，沾衣不惜，斯宁非隐者耶？方其书甲子而不年，慕刑天而怀荆卿，斯宁欲隐者耶？方其野云孤飞，踏雪玉关，斯宁非隐者耶？方其羊昙洒泪，卖卜异县，斯宁欲隐者耶？士危行言逊以处默，其志乃在逃隐者乎？抑终不屈于势利者乎？此所以前明彭先生孟阳，署稳心以自誓，穷老钟山，死生莫易者也。呜呼先生，固无负丽人矣。稳心以隐，示此心终不可转也。因复模孟阳先生真迹，镌吾庐曰稳心焉。

屠维大渊献二月晦盐渎徐晋如记

后月余，余在香港中文大学翻阅《香港中兴报》缩微胶卷，偶见清乾隆三十一年（1766）汪后来《题张二乔寒闺晓妆图》诗："窗外梅花放，深闺罢晓妆。自怜倾国貌，只是伴寒香。"系蔡守自汪氏所摹《张二乔寒闺晓妆图》录出，当时为何海客所藏，款署"乾隆丙戌冬月，摹张二乔寒闺晓妆图，似澧隅（梁釪）词丈雅政。鹿冈汪后来。'白岸'屐齿印，上白下朱"。今已不知下落。讵知不终旬即在雅昌拍卖网见谈月色绘《仕女图》将上拍。此画题"梅花本是江南弄，一迭关山倍可怜。任天先生属摹张乔婧小影。己卯冬日谈月色"。钤"月色画课""月色白下卖画买书""艳月楼"朱文三印。"梅花"二句，为乔婧名句，且余观画中意境，知其必为摹汪后来者，遂赴沪举牌，今亦归寒斋珍弆。

上两件余均以廉值得之。而2020年12月11日北京翰海拍卖公司上拍之居廉《张丽人小像》，则以倾囊竞得，殊为不易。曩余偶阅徐灏《灵洲山人诗录》，知李子黼旧藏张二乔小像，每于丽人生日悬挂。而清末以还，收藏大家若汪憬吾、潘老兰、蔡寒琼、叶玉甫，无一人曾提及此画，余遂以为久佚矣。讵知其画竟亦为隔山老人手笔，且题跋满帙，几于裙边袖角无余隙者。此画为翰海拍卖公司古代书画专场封面拍品，余自知捡漏无望，遂向马未都先生请教，约费几何始得拍下，马先生以为在五十万以内，余又上询沪上前辈王金声公，金声公问：汝自思多少可得？余应曰：费赀百万，余之极限矣。金声公曰：当能以其半而得之。余又问友人王君双强，双强笑曰：吾以为当在三十万至七十万间耳。其时余仅有现金七十余万，复向二银行各贷信用贷三十万元。恐仍不足，遂发微信朋友圈，大意谓《分春馆词话分春馆词》一函四册，及《百年文言》二书，原价千余元，今仅需八百元，因余十二月十日前需要大笔钱云。此讯发去，一周中回笼十万元，友人宗旨，忽发来一链接，问：兄岂为此耶？余曰然。宗旨兄道：此件为《收藏家》杂志封面拍品，落槌时恐过百万矣。余曰：弟正备金百万以待。宗旨兄曰：兄真土豪也。余曰：唯望张丽人默佑耳。

时深大国诗社诸学棣亦于微信群中讨论余何以忽需要大量钱款，或曰：携诗社吉祥物毕诚前往，诸事必成。余马上问毕诚女弟：汝愿与吾同赴京师否？毕诚诧喜疑信间，余遂告知将赴京竞拍事。毕诚曰：几分钟前，忽意识到与张丽人有关。而此前则毫无头绪。余曰：此盖天意，吾知汝定能助吾也。12月10日抵京，飞机降落，友人何君宗桓已在拍卖会展场，以其画影件相示，余不及返家，直奔嘉里大酒店与宗桓相会。至展场，则一巨厅为中国古代书画专场，入门即石膏墙一面，当门若照壁，而一墙仅悬此画，以示重视。余求此图高清照不得，而假得椅子一把，余立于椅上，宗桓立于地，托笔记本电脑供余据画细校，俾使画上题跋，无复讹谬。所谓未虑胜、先虑败，万一未能拍得，余亦能尽得其文献，收入余所编《百花冢志》中。

次日余晨起，先沐浴，再以前所得居古泉《二乔像》悬挂，爇以名香“蟠烟”，默念丽人之《漫述》诗：“朱门粉队古相轻。莫拟侯家说定情。金屋贮娇浑一梦，不如寒淡嫁书生。”礼毕出门，先与同学陈达之共餐。达之所订为北京菜馆，曰小吊梨汤，而其背后墙上，所悬竟为赵石禅之攻心联。攻心联本诸葛武侯祠名联，小吊梨汤非川菜馆也，何以悬此？余忽悟石禅尝著《张乔小传》，岂天意欲余得画耶？午后至嘉里大酒店，先拟自网络拍卖，余充入廿四万元，遂有一百二十万之额度。网络自动分配号牌四，余选9025，以其与lot号0725相近也。下午先拍近代书画，余见梅畹华扇面一，清雅可玩，遂亦试出价一万，余出价后，现场一人亦出价一万，讵料落槌为其所得。余颇讶之，询之拍行，曰如网络出价与现场先后出价，拍卖师未见网络出价，只见现场，不为失职。余大惊惶，忙上楼改办现场号牌。其时五百张号牌，所剩已无几，而余欲得之316号，固无人一问津者。余取得号牌，下楼语宗桓、毕诚：余选316号牌者，以其为丽人生日也。语毕忽有电流入余玉枕穴，余脱口而道：此画必为余所得！因余忽忆起，lot号0725，正丽人之忌日。余既得此画，禀于业师沚斋先生，先生欣然曰：“吾棣得此至宝，可喜可贺！钱者泉也，流而不息，去而复来。佳人难再得。”友人朱少璋教授，今之侠义士也，尝欲自注《莲香集》，闻余将为之注，竟弃已稿而成全于余，高行厚义，如厉樊榭之于查莲坡。闻余得此画，题诗曰：“莲香入画不胜情。百五年间一梦轻。兀坐琴横犹故我，依然寒淡伴书生。”

庚子以还，万事可堪痛哭，余独以得诸丽人像，而能稳心不降，时与黎美周、彭孟阳一辈钟情人神游。庚子春，既尝和王鹏运、刘福姚、朱祖谋三公之《庚子秋词》，越一岁，又和诸公之《春蛰吟》，癸卯三月十六日，余出《张丽人小像》悬之，为词曰：

感皇恩

张丽人生日赋

汉艳爱明霞，朱弦能语。曲罢铿然楚庭暮。噪鹃声里，沉睡罗浮如故。为谁重唤起、荆高怒。　十载相思，招魂空诉。清泛莲香竟何许。稳心归也，泪共胡尘侵苎。极天风雨夕、越吟苦。

此词亦收入拙著《秋蛰吟》中。想象乔仙风致，群公大雅，一时如在羲皇上矣。

余得此画后一月，又于广东崇正上拍得赵石禅手书黎忠愍莲香题辞及彭孟阳张乔诔文末段横幅。此件余欲之久矣，而以室罄橐空，故遗憾于交臂之失。此一小横幅，余曾于南开大学图书馆见蔡寒琼、谈月色所辑《莲香集外编》，著录其跋尾："黎忠愍闻国变，遂谢声伎，起兵勤王，举动绝似文信国公。而并以勖彭孟阳同仇偕作，于君父朋友，可谓真能同情者。呜呼！虞山芝麓，宁勿赧颜。赵藩识。"余读之心动，岂意原物既在目睫，竟尔失之。唯今岁公历1月13日，原买家忽以此件送四川沁月斋拍卖，终于为余所得。横幅后附装潘兰史与蔡哲夫书一札，画签则寒琼手书隶体，石禅之瘦硬、兰史之飞扬、寒琼之高古，三绝萃臻，观之忘倦。余不免想起寒琼之言："亦淑都有灵，以其俊物偿余为表扬之劳欤？窃以为厚幸！"

《寒食帖》收藏者冯展云和他的七封信

易大经

近代以来，岭南风云人物尤其多，建树亦广，最能引人谈兴。其中一些昔日名家，已随往事半隐于历史之中，而其人其事，又多有钩沉必要。近见《高要冯展云中丞书牍》册页，内容于家常之外，颇牵涉史事，似尚未有人研究，而致信者冯展云与收信人“舅祖大人”同为清代广东高官。兹就释读之余，略为考证。

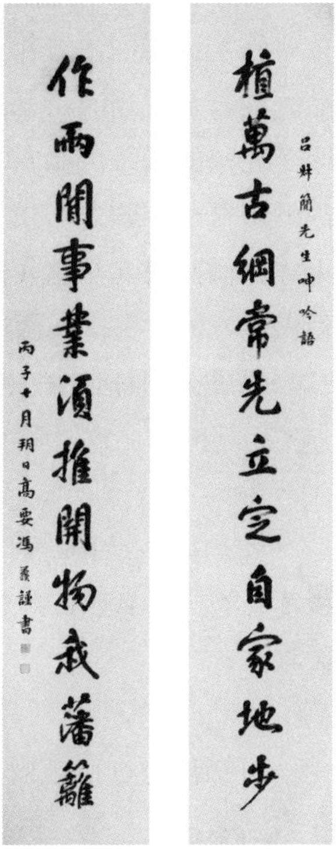

冯誉骥书联：植万古纲常，先立定自家地步；作两间事业，须推开物我藩篱

“舅祖大人”是谁

该册页共7通凡30页，其中致“舅祖大人”4通，致“仲新表叔”3通，以戚谊推之，收信人应该也是冯氏同里。按：冯誉骥（1822—1883），字仲良，号展云、崧湖，高要（今广东肇庆）人。道光二十年（1840）中举，道光二十四年（1844）成进士，授翰林院编修，“屡为考官，号得

人”，受彭玉麟推荐，光绪五年（1879）授陕西巡抚，后为御史弹劾去官，侨居扬州，旋卒。展云擅书画，为后世珍视：“平生廉洁。嗜书画，书法逼真欧阳率更，晚年效李北海；画仿石谷，秀润工致。世咸珍之。”（汪兆镛《岭南画徵录》）“展云侍郎以书法名一时，山水学墨井，摹南天、烟客均酷肖。”（潘飞声《翦淞阁随笔》）亦能诗，其诗集《绿伽楠馆诗稿》刻于同治五年（1866），所选诗为其考取进士之前作品。展云备受当时诗坛“粤东三子”（张维屏、黄培芳、谭敬昭）之一的张维屏激赏，张氏集杜诗“渥清之马走千里，青眼高歌望吾子”赠之，展云时方12岁。由此可见展云是一位少年天才，而其科名早达（22岁便成进士），一直在中枢任职，最后做到方面大员（陕西巡抚），可谓科举时代的赢家。

冯展云7通信札披露了不少他的生活细节，也对了解他的仕途不无帮助。在致“舅祖大人”的第一通信中，有这样语句：

始觉去冬频侍坐隅，饫闻绪论，真半生未易得之遭也。迩者节度新更，大署公勤弥形繁冗，伏惟敷政之暇，怡神葆和，敬以为祝。

可知他与这位亲戚的关系很密切，而对方一定也是当时督抚级别的官员。第二通尤其关键：

正拟肃修简牍，敬问起居，兹者恭审舅祖大人荣承恩命总制东河，诏下之日，都中士大夫欣喜相告，咸谓今日大吏能以道德发为事功，稽之往古，可继范希文，考之本朝，可媲汤睢州，有非一切智名勇功之士所能及者，实惟苏公其人。

这里简略提到“舅祖大人”的两则信息：一、总制东

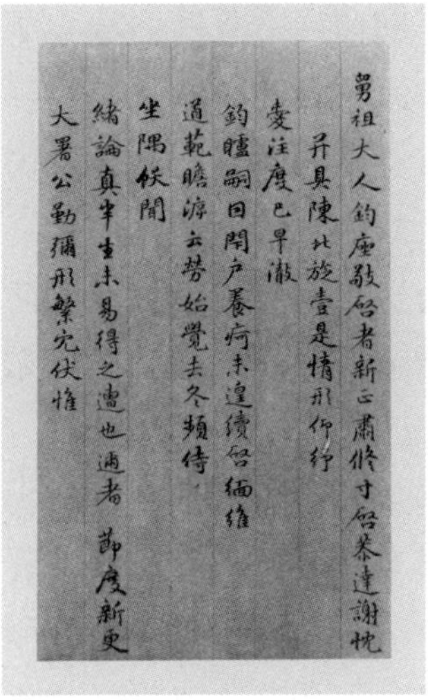

舅祖大人鈞座敬啟者新正肅修寸啟恭達謝忱
并具陳此旋壹是情形仰紓
廑注度已早澈
鈞矚嗣因閉戶養疴未遑續啟緬維
道範瞻溯雲勢始覺去冬頻侍
坐隅飫聞
緒論真平生未易得之遭也邇者 節度新吏
大署公勤彌形繁冗伏惟

致“舅祖大人”

河，二、姓苏。按：清代设有河道总督，其中东河为专任，名为“河东河道总督”，正二品（张德泽《清代国家机关考略》）。查清代咸丰、同治、光绪三朝河东河道总督名录可知，苏姓总督只有苏廷魁，任期为同治五年（1866）至同治十年（1871），而苏廷魁正好也是广东高要人，可以断定这位收信的“舅祖大人”便是苏廷魁。据《翁同龢日记》同治五年丙寅（1866）八月十七日日记：“苏廷魁授河督”，与冯展云的写信时间“八月二十四日”也是吻合的。河东河道总督驻扎开封（河南祥符县），冯札中屡屡提及“过豫”“赴汴”“道出梁园”，均可佐证。该通信札当可系于1866年。

按：在清代历史上，苏廷魁的名声比冯展云更大。苏廷魁（1800—1878），号赓堂，广东高要人，道光十五年（1835）进士，选庶吉士，授编修。道光二十二年（1842），迁御史。他最有名的事迹，一是弹劾权臣、他的恩人穆彰阿，二是弹劾赛尚阿“坏旧制，用私亲，超擢太骤”等。据说咸丰隐其名，出疏示赛尚阿，“赛尚阿退，饮台垣酒，问：‘谁实弹我？’廷魁出席曰：‘公负国，某不敢负公。’”可以说相当“硬颈”（强硬），是一位具有古直臣之风的官员。清代笔记里将嘉道间的苏廷魁、陈庆镛、朱琦称为“谏垣三直”，又加上金应麟，称为“四虎”（陈康祺《郎潜纪闻》）。咸丰八年（1858）英法联军攻占广州，俘虏“不战不和不守、不死不

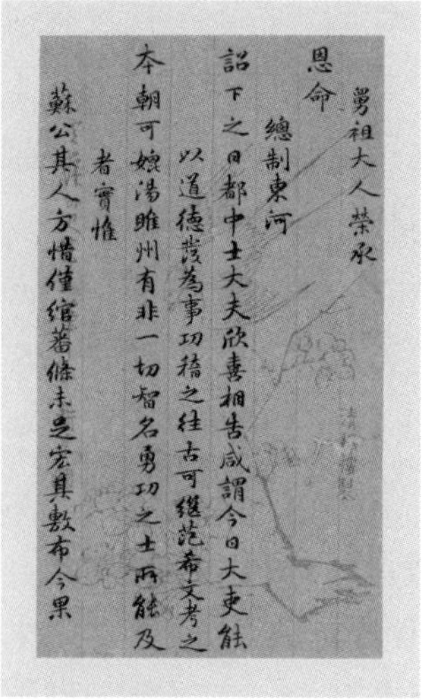
舅祖大人榮承
恩命
總制東河
詔下之日都中士大夫欣喜相告咸謂今日大吏能
以道德發為事功稽之往古可繼范希文考之
本朝可媲湯睢州有非一切智名勇功之士所能及
者實惟
蘇公其人方惜僅縮著條未竟宏其數布今果

“舅祖大人”总制东河

降不走”的两广总督叶名琛，丁忧在家的苏廷魁和在籍侍郎罗惇衍、太常寺卿龙元禧一起组织团练（苏廷魁、罗惇衍、叶名琛、龙元禧为进士同年），设立团防局，“严清野，绝汉奸，招募东莞及三元里、佛山练勇得数万人，声言戒期攻城，敌师出，击斩百余级”，为抗击外辱写下壮烈一笔。后因清廷媾和，被迫撤局。但苏廷魁的胆识勇气，可以说从一而终：据清人记载，他在河东河道总督任上去官，也是不愿与河南巡抚及户部沆瀣一气、贪污公款所致。

冯展云信札中屡屡提及“去冬频侍坐隅，饫闻绪论，真半生未易得之遭也”（第1通）、“前者敬将录示名言装潢成帙，庋之案上，以为循览率行之资”（第2通）、“详赐诲言，俾知遵守，是则昕夕虔祷者耳”（第3通），并且将这位“舅祖大人”比作宋朝范仲淹和清初汤斌两位名臣，可以说对苏廷魁的事功、道德文章都推崇备至了，他也非常虚心地向苏廷魁请教自己在学问方面的心得。

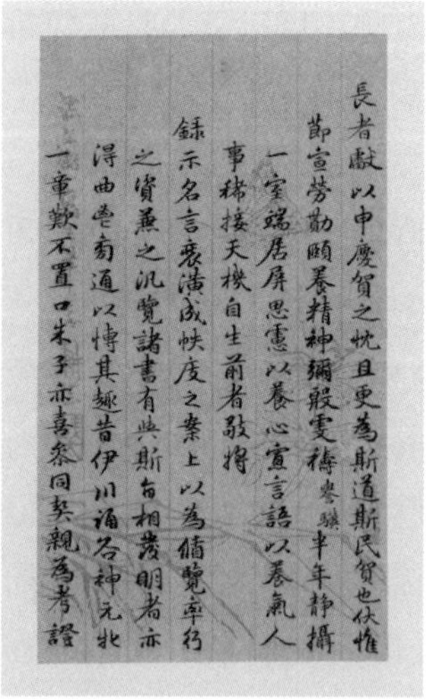
長者獻以中慶賀之忱且更為斯道斯民賀也伏惟
節宣勞勩頤養精神彌殷雯禱半年靜攝
一室端居屏思慮以養心寡言語以養氣人
事稀接天機自生前者敬將
錄示名言裝潢成帙度之案上以為循覽率行
之資兼之汎覽諸書有與斯旨相發明者亦
得曲意通以博其趣昔伊川誦名神元北
一軍歎不置口朱子亦嘉參同契親為考證

将“舅祖大人”言论装潢为一册

在第3通信札中，冯展云提到“比晤椒生前辈，述及长者有引退之思，上书先请休沐”，这位“椒生”，正是前面提到的罗惇衍。按，罗惇衍（1814—1874），字兆蕃，号椒生，顺德大良人。清道光十五年（1835）进士，点庶吉士，授编修。由学官累升至吏部右侍郎、都察院左都御史、户部尚书、工部尚书兼武英殿总裁。罗惇衍为官清正，爱惜人才，是咸丰、同治年间的重要大臣，死后谥“文恪”。苏廷魁、罗惇衍《清史稿》俱有传。

在第4通信札中，冯展云向苏廷魁报告父亲去世的消息：

> 顷接胞兄江苏书来，知三弟誉骢业于二月中敬奉先严灵榇自浙启程，胞兄一俟常州保案入告出脱前事，即行南归。

冯展云的胞兄名誉驹，据其《绿伽楠馆诗稿》，誉驹字景千（或号）。据《翁同龢日记》同治四年乙丑（1865）三月十六日日记：“吊冯展云前辈。”而该信写于“三月二十日”，故冯父去世极有可能是该年之事。[《翁同龢日记》还记录了冯展云大哥去世：光绪五年己卯（1879）闰三月廿六日，“吊冯展云兄丧”。当时翁同龢与冯展云系刑部同僚，翁为尚书]。

从京师到岭南，路途遥远，冯展云经济情况不佳，不得不向“舅祖大人”借贷：

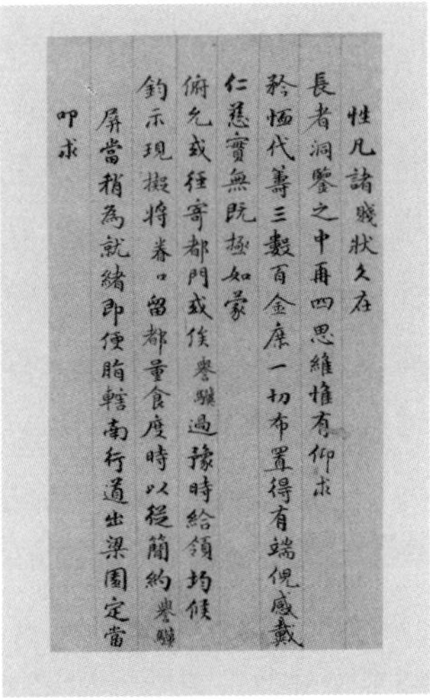
性凡諸賤狀久在
長者洞鑒之中再四思維惟有仰求
矜恤代籌三數百金庶一切布置得有端倪感戴
仁慈實無既極如蒙
俯允或徑寄都門或俟[illegible]過豫時給領均候
鈞示現擬將眷口留都量食度時以從簡約[illegible]
屏當稍為就緒即便脂轄南行道出梁園定當
叩求

向“舅祖大人”借贷

本拟领帖后星奔南下，冀得早日抵家，惟是做宦廿年，素甘清苦，此番举动往返约两载有余，营葬之资，亟宜储备，抚兹窘况，措手良难。又不愿效世俗张罗，致违本性，凡诸贱状，久在长者洞鉴之中。再四思维，惟有仰求矜恤，代筹三数百金，庶一切布置，得有端倪，感戴仁慈，实无既极。如蒙俯允，或径寄都门，或俟誉骥过豫时给领，均候钧示。

冯展云1844年及第，做宦廿年，正好是1865年左右，而手中无钱，既是“素甘清苦”的写照，也可为后人记载其“平生廉洁”之一证。综合致“舅祖大人”4通信札内容，特别是从落款的“制”（前人书札中因父母去世守丧期间的用语）来分析，极有可能第4通报告父亲去世消息是最早的一通。另外，自1851年太平军起事，十余年间战火频仍，捻军在北方与清廷对抗，更延续至太平天国覆灭之后。战争造成了极大不便，即使像冯展云这样的高官也在所难免：

窃誉骥客秋买舟通潞，当肃函启告行期，嗣以行次山左清源微流枯浅，复值归兵络绎，车马缺乏，脂秣无从回向津沽商乘海舶，诸同乡佥以孱躯甫愈，未宜轻涉沧溟，因于十月间暂旋都寓。两次中途北返，且憾且惭……前于二月间本拟南行，缘北路马贼时有出入，行旅苦之，至今未靖，仍宜由潞水舟行，兹准于月之十六日赴通，贱躯颇不惮暑热，似胜于秋后启程。

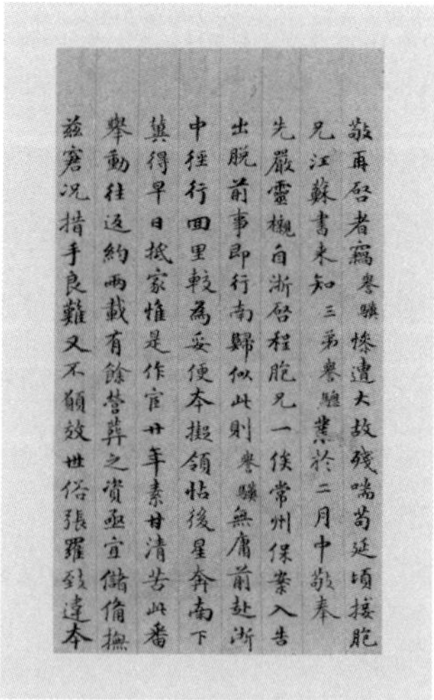
敬再啟者竊孝騏榛遭大故殘喘苟延頃接脆
兄江蘇書未知三弟孝驄業於二月中敬奉
先嚴靈櫬自浙啟程脆兄一俟常州保案入告
出脆前事即行南歸似此則孝騏無庸前赴浙
中徑行回里較為妥便本擬領帖後星奔南下
冀得早日抵家惟是作官廿年素甘清苦此番
舉動往返約兩載有餘營葬之資亟宜儲備撫
茲窘況措手良難又不願效世俗張羅致違本

向“舅祖大人”报告父亲去世消息

这是第3通信札内容，可见因为兵事，道路不畅，使得冯展云回岭南奔丧守制一推再推。信中提到的“通潞”“潞水”即通州，是清代北京的水路交通要冲。“通州汉为潞县，唐曰元州，金始改今名，属顺天府。汇白河、潮河、温榆河诸水为潞，至天津入海。”（李星沅《李星沅日记》）

写给“仲新表叔”的3通信札，也提及“舅祖大人”：

舅祖大人屡赐钧言，藉语道祉，比闻周巡沅豫，丕著勤劳，第颐养成宣，精神自卜加健，宅中事务得三表叔照料，一切自臻裕如也。

且第7通信与第3通信内容几近一样，日期均为“四月五日”，可以肯定仲新即苏廷魁的儿子。第6通信札写于冯展云任职福建时，当是为福建学政，致送仲新闽中土物四种，亦可看出当时官员、亲戚之间的应酬：

奉送闽中物事四种：
寿山图书石，一匣
漳州印泥，二匣
范志神曲，一箱
瓯绸被面，一床

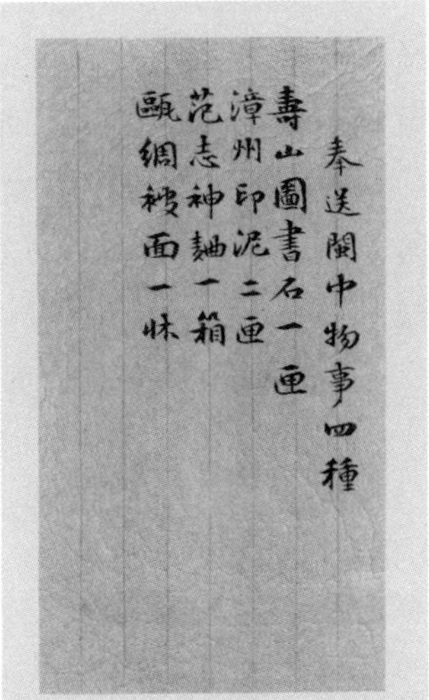
奉送閩中物事四種
壽山圖書石一匣
漳州印泥二匣
范志神麯一箱
甌綢被面一牀

送“仲新表叔”闽中土物

苏廷魁集中有《冯展云宫詹过许州为留一宿即事赠行》诗，有“欢忆重亲过逆旅”之句，度其语气，两家虽是姻亲但非近亲。不过可以肯定，在旧日宗法社会，这层姻亲关系大大拉近了两位在外为官的岭南同乡。

疾病的隐喻

值得注意的是，这几通信都有一个特点，即冯展云都谈到了自己的病状，甚至还写到了调理方法：

誉骥自入春后，初闻诸老成之言，以静养勿药为事，第服藕节诸品，仅能荡涤积淤，而气血总亏，迄无起色。旋读黄坤载《四圣心源》《素灵微蕴》等书，知此证必须温补，收功于是。试服温行之剂，果觉中气渐足，肝脾叔而肺胃下，痰滞亦陆续消。连服兼旬，气血精神日益加长，但须服至百剂内外方能一律复元耳。（第1通）

孱躯旧患悉除，肌肤容色较形黄润，觉气血以时渐生，第未一律复元，仍须徐而俟之。药物已渐减，除间数日一服蓡（参）术苓草等味，藉理中气耳。（第2通）

誉骥比年读素灵之书，于所患证候，颇能自为消息。数月来绝未服药，惟以饮食调和之。又时参以导引，觉精神兴致殊倍于前。然此须以恒久为功，非可期之旦夕间耳。（第3通）

于是晨夕趺坐，习以为常，转于养生觉有裨益。自入春以后，所患悉平，迩日精力渐足，此后时序炎暖，可冀大痊。（第5通）

孱躯素弱，重以心境鲜佳，日就衰颓，不堪为爱我者告。（第6通）

誉骥自冬徂春，屏除药饵，惟以饮食调和之。（第7通）

《翁同龢日记》光绪五年己卯（1879）六月廿二日："挈安孙访冯展云前辈，并晤其表弟何剑阁，剑阁精脉理，展云熟医书，两人言安孙病宜温行……"可以看出，冯展云长期患

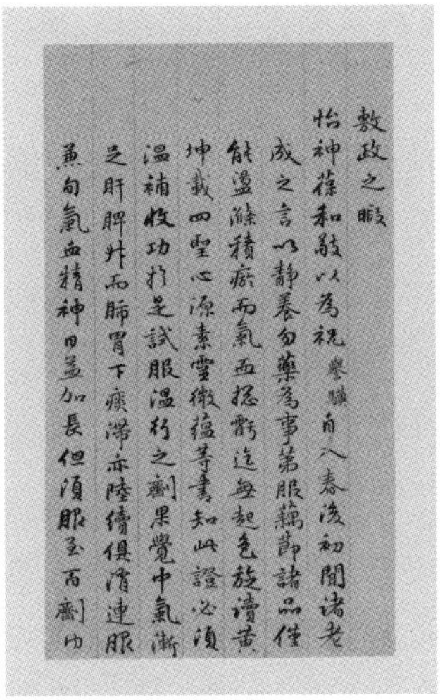

數政之暇
怡神葆和敬以為祝 譽驥自入春後初聞諸老
成之言以靜養為藥為事第服藕節諸品僅
能溫滋積痰而氣血搖動迄無起色旋讀黃
坤載四聖心源素靈微蘊等書知此證必須
溫補收功於是試服溫行之劑果覺中氣漸
之肝脾升而肺胃下痰滯亦陸續俱消連服
兼旬氣血精神日益加長但須服至百劑也

冯展云之病情

病，身体比较差，而他也久病成医，熟人都知道。提及他病情的这段时间为1865—1879，从中可以断定这是冯展云中晚年的身体状况，而他正是在1879年被授予陕西巡抚之职。关于冯展云在任上的情况，史载：光绪六年（1880），“富户多捐，中户少捐，下户免捐”，重建赋役仓库，贮粮积谷，“光绪中，惟陕西巡抚冯誉骥所筹建者千六百余所为最多云”（《清史稿》）。他又重视农桑，兴修水利，陕甘总督左宗棠称赞他“种树、开渠、农桑、学校，古之言治者，莫或遗之……公言及此，秦民之福也”。

但剧情来了个大反转：就在光绪九年（1883）七月二十四日，陕西道监察御史刘恩溥弹劾冯誉骥，朝廷命户部尚书觉尔察·额勒和布、署都察院左副都御史张佩纶驰往陕西查办。额、张二人的调查结果是“冯誉骥于陕西吏治、差徭、厘捐、垦荒诸要政，任用非人，粉饰废驰，以致属吏、家丁等因缘为奸，弊端纷出”。翁同龢在同年七月廿八日日记有记：“刘恩溥折，历诋在事大臣，有过当语，不足记也。”明显是对冯展云之被议抱有同情。但冯展云还是于是年十月被革职。除了当时形势的影响（如是年中法关系紧张，终于酿成战争，又晚清政局之衰败、吏治腐败等原因），如果结合冯展云的身体状况，他对于地方官员政策制订初衷良好，而终于在执行过程中走向反面，是否也是一种合理的解释？

与冯展云同时的李星沅在同僚因贪污去职时曾感叹说："居官御下难，御内尤难，临深履薄，不可不时加凛凛也。"李星沅官至督抚，是清代一位循吏，这是有感而发。清代官僚系统里包庇下属贪污，为害之大，也是实情。冯展云的去职，主要原因在此。"任用非人，粉饰废弛"不是凭空而来，特别是结合他的身体状况。当疾病缠身时，生理上的重负必然会引发负面的精神情绪，个人的精力更会大受影响。作为一方的主事者，难免会出现"以致属吏、家丁等因缘为奸"的情况。20世纪70年代，法国阿考斯、瑞士朗契尼克两位医生，从病理学、心理学的专业角度，探讨疾病与政治人物之间的关系，特别是在治理国家层面，领导人的疾病是如何影响了政治。他们的两本研究著作《病夫治国》《非常病人》，视角非常独特，或许可以作为探讨陕西巡抚冯展云去职一事的参照。

作为书画家鉴藏家的冯展云

冯展云有书名，如《岭南画徵略》载其"书法逼真欧阳率更，晚年效李北海"，麦华三《岭南书法丛谭·冯誉骥》载"七龄童即能作擘窠大字之高要冯誉骥，尝见其十龄时，跋苏古侪离骚页册，即已中规中矩，崭然露头角，迨后更由率更以窥北海，于峭劲之中，有浑厚之气，遂成名家"。冯氏书迹甚多，其楷书《李孟龙墓志铭》曾经为上海进步书局影印为字帖发行，李孟龙即李星沅长子李杭，与冯展云为甲辰（1844）会试同年，但中进士三年后就去世了，故此墓志铭可见冯展云中年以前书风。就《高要冯展云中丞书牍》册页的墨迹而言，确为书家名迹，特别是致苏廷魁的4通，恭谨之外，格调尤其典雅。

冯展云"好书画"（《岭南画徵略》），信札中也可印证：

前示郭恕先摹本《辋川图》，兹已未便询取，郭河阳《溪山雨霁图》，新正馨士兄匆促出都，业缄行笥，亦复无因假观，此事自关眼福也。（第1通）

昨者亲朋相戒，谓誉骥夙好劳心，兹当养疾之时，不宜耽玩书籍笔墨，竟令家人既付深藏，数月以来，苦无排遣之具。（第5通）

以上都可看出冯展云喜好书画的特点。他长期在帝都工作，北京为全国人文渊薮，人文精华无不聚集，冯氏浸染其中。爱好书画收藏，流连琉璃厂、隆福寺的古玩店，也是晚清士大夫、官员的普遍特点。《翁同龢日记》中有两条记载，可以参照：

到厂。……又闻有《钟繇荐季直表》，并右军草书二物，索千金，已为冯展云所得矣。［咸丰十一年（1861）九月朔］

偕两侄游厂，闻博古斋得一高丽碑拓，极旧，有苏斋跋，已为冯展云取去。［同治三年甲子（1864）九月十七日］

这两条都可以看出冯展云“好书画”的一面——毕竟，他两次截和了翁同龢，而翁是几乎天天去琉璃厂的。但真正能说明冯展云书画鉴藏家身份的，则是他曾经收藏过一件名迹——苏东坡《寒食帖》。颜世清民国戊午（1918）跋语，对《寒食帖》收藏的原委有详细说明：

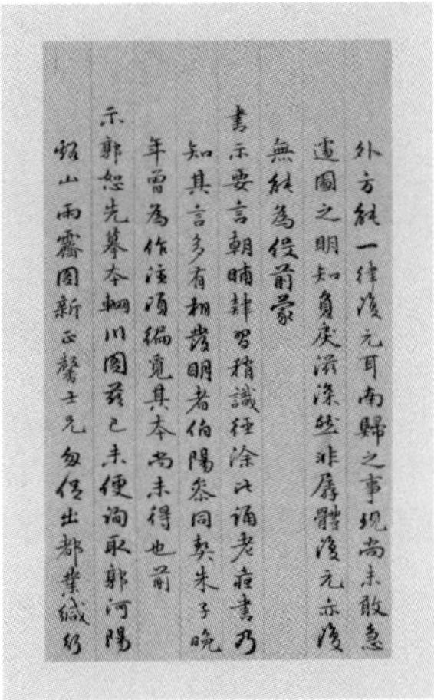
外方紙一律淺元可南歸之事現尚未敢急
遽圖之明知負疚滋深然非屏體淺元亦淺
無紙為促前蒙
書示要言朝晡拜習稍識徑涂只誦老莊書乃
知其言多有相發明者伯陽參同契朱子晚
年嘗為作注須徧覓其本尚未得也前
示郭恕先摹本輞川圖茲已未便詢取郭河陽
谿山雨霽圖新正馨士兄匆促出都業緘行

与“舅祖大人”谈书画收藏

东坡《寒食帖》，山谷跋尾，历元、明、清，迭经著录，咸推为苏书第一。乾隆间归内府，曾刻入三希堂帖。咸丰庚申之变，圆明园焚，此卷劫余，流落人间，帖有烧痕，即其时也。嗣为吾乡冯展云所得。冯没，复归郁华阁。展云、伯羲密藏，不以示人，亦无钤印跋尾。意园云：逝十年，始由朴孙完颜都护购得。越六年，是为戊午，乃由朴孙转入寒木堂。此数十年未经著录、展转递藏之大概也。余恐后来无由知其源委，用特识于卷尾。若夫书之精妙，前人评定第一，断推古今公论，余复何言。戊午东坡生日，瓢叟颜之记。

可知《寒食帖》这件因1860年圆明园被焚而流出的名迹，曾经为冯展云的藏品，冯去世后，再归意园盛伯羲，由盛而转颜世清寒木堂。《寒食帖》上虽然没有冯展云的印记，但这段题跋足以证明其鉴藏家的身份。

写跋的颜世清（1873—1929），字韵伯，号瓢叟。足跋，

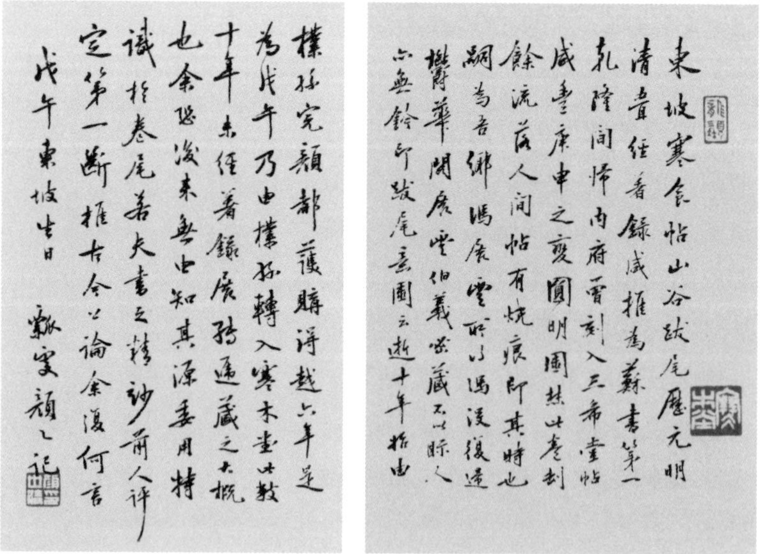

颜世清跋《寒食帖》

人称颜跛子，广东连平人。颜家为官宦世家，祖父伯焘，官至闽浙总督，父钟骥，官至浙江布政使，“善画花卉，书卷之气溢于楮墨，兼能篆刻”（《岭南画徵略》）。世清“有才气，少承家学，富收藏，遂工书画，所绘雄奇劲挺，槎枒磊砢，一如其为人”（《岭南画徵略续录》），在政界多年，系民国初期著名鉴赏家，传说收藏之富为北京之最。他的斋号“寒木堂”之“寒”，当指其收藏的《寒食帖》。此帖后被其售与日本人，到20世纪40年代由王世杰购回，后捐与台北故宫博物院。

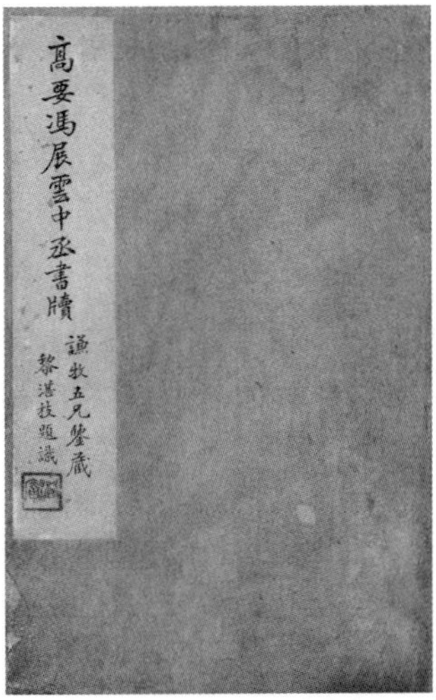

《高要冯展云中丞书牍》册页封面

苏东坡的《寒食帖》是一件名迹，收藏过的几乎都是大收藏家。何以清代的冯展云、盛伯羲悄咪咪地收藏且不留印鉴题记？许礼平先生曾对此分析甚详，主要是从清代法律对公物（清廷大内藏品）的处置分析，故身为官员的冯、盛二人只能藏诸秘笈了。

这本《高要冯展云中丞书牍》为黎湛枝题签。黎湛枝（1870—1928），字露苑，号潞庵，广东南海人，光绪二十九年（1903）成进士，散馆授编修，曾经做过宣统帝师。这本册页从冯展云7通信札到题签，关系岭南人物掌故，并涉及清代重要官员，其史料价值是很大的。

广东艺林谈往录

万君超

米芾纸本行书《寄和魏泰诗帖》卷，书魏泰《寄米元章》七律一首，米芾次韵魏诗七律一首并跋，无年款，今人推测为米氏四十六七岁时所书。拖尾纸上今存刘淮弘治壬戌（1502）一跋，另有罗天池道光年间二跋等，晚清一直在广东地区递传。卷首“乾隆御览之宝”、卷中骑缝印“绍兴”皆伪印。清末至民国为裴景福、李品仙递藏，后为张大千购得，20世纪60年代初，归王南屏，禁门深钥，秘不示人。1985年1月，王氏在美国加州做心脏手术失败而辞世，其在美国之家人委托经纪人秘洽售出，购者不详，多年后始知为德国科隆东亚艺术博物馆购藏。

赵孟頫纸本楷书《湖州妙严寺记》卷（今藏美国普林斯顿大学艺术博物馆），清末以来先后经费念慈、庞莱臣、完颜景贤（借自庞氏未还）、蒋谷孙（购自完颜氏）、张珩（购自蒋氏）、蒋谷孙（反悔赎回）、叶恭绰、谭敬、20世纪60年代末谭敬夫人在台湾售出、美国收藏家约翰·艾略特（方闻经手）、1997年入藏普林斯顿大学艺术博物馆等收藏。1967年年末，定居台北之谭敬夫人以美金一万二千元求售。叶公超将之推荐于台北故宫博物院副院长庄严，可能因当年该院经费有限而未能购藏，遂留置斋中月余，临写数卷而还之。

清末广东地区曾先后出土四块隋碑，均为隋代大业年间

（605—616）之物：《王夫人碑》［大业三年（607）］、《宁赟碑》［大业五年（609）］、《刘猛进碑》［大业五年（609）］、《徐智竦碑》［大业八年（612）］，人称“岭南四大隋碑”。其中《王夫人碑》（又名《隋故太原王夫人墓志铭》或《南海王夫人墓志铭》）传宣统三年（1911）出土于广州府城东（番禺）二十六里石牌乡之山麓，高四十厘米，宽二十六厘米，隶书阴刻。画家李凤公晚年在香港曾向友人简又文、黄般若等坦承，此碑实乃其早年偶得碑石，而经其一手所撰、所书、所刻之赝物，碑文亦由其向壁虚构，并当场背诵如流。此墓志铭原石今藏广州博物馆，其他三碑今藏广东省博物馆。

诗僧、画僧苏曼殊有白文闲章：“我本将心问明月，谁知明月照沟渠。”当年多以为此诗句为苏氏所作。后有人意外发现，乃出自明代通俗小说《封神演义》第十九回，第一句原为“我本将心托明月”。其实此二句诗，最早出自元代施惠撰南戏《幽闺记》（又名《拜月亭》）第三十七出，原句为“指望将心托明月，谁知明月照沟渠。”

1922年冬，十岁女孩萧娴随父萧铁珊由广州到上海拜谒康有为（号游存叟）。萧娴学书已有五年，小有书名，故欲在上海卖字，康氏遂为之撰《萧娴鬻书启》，其中有云：“萧娴女士之于书，天纵也。其篆雄苍似吴昌硕大令，其分茂逸似沈寐叟尚书，其正书似老夫，其天才奇逸，前无卫、管，未之见也。”蔡哲夫见之，遂作七绝一首刊登广州某小报以讽之：“恰似香光遇岫云，艺林佳话自千秋。游存老去临池懒，代笔闺中要有人。”传董其昌应酬之书多为其小妾岫云代笔，蔡氏诗中谑指萧娴为康氏“代笔闺中人”。由此引起萧父之强烈不满，然又无可奈何。

岭南诗人、书法家、名士罗瘿公尝论初学书者有云：“初学，笔划宜平直，宜选唐碑中之结构端丽，不尚奇态者数种，定为常习，或一年或半年一易，最易进步。平原之不甚露角者，可习；诚悬太露瘦骨，非少年所宜也。若误习恶俗体，先入为主，贻误终身，则无药可救也。少年书宁放，不必求太敛，疏野处可取，局促最病，或不合法度而神气开展者，最佳，引之法度，则成矣。如体格已成，俗不可医，为最下矣。”

曾任孙中山机要秘书之李蟠，工书法，尤擅隶书与行草，为粤籍政要人士中屈指可数者。每批览公牍之后，则临帖数纸，兴味盎然，寒暑无间，故办公室抽屉中多为碑帖。书前则先凝神领略其中神髓，继始挥毫疾书，其佳者留存并装订成册，且时常与昔日所书作比较，看是否有所进步，而不佳者则撕碎掷纸篓中。晚年致力于《十七帖》。

梁启超长女梁令娴，工词，有《艺蘅馆词选》行世。令娴结婚在百花生日，即农历二月十二日，又称花朝。梁启超特地从日本回国嫁女。袁克文（寒云）为此撰书一联为贺：“今代艺蘅词，三岛客星归故里；传家爱莲说，百花生日贺新郎。”清末民初，中国人对日本别称“三岛”，《归故里》是元人谢应芳五言长诗篇名。因新郎姓周（名希哲），故下联用宋人周敦颐《爱莲说》，《贺新郎》是词牌名，可谓一词双关。

陆丹林斋名曰红树室，今人多知之。其另有斋名曰掩月轩，知者甚鲜。1935年6月，其以元代诗人张雨（号句曲外史）七律《怀茅山》中诗句“丹光出林掩明月”，因有“丹林”二字，遂名斋曰掩月轩。并请篆刻家邓散木治白文印“掩月轩”一方。

陆丹林曾藏梁鼎芬甲寅（1914）所书七言联一副：“人间知耻褚渊扇，席上含羞沈约诗。甲寅大雪，梁鼎芬。”潘飞声己巳（1929）于边绫跋云：“节庵师傅诗学后山，书仿山谷。而矫逸之气，亦自开生面。写联最鲜，丹林词长得此，洵可珍也。己巳立冬日观于红树室中。潘飞声题记，年七十二。”

1934年9月，女书法家冯文凤将返回广东，陆丹林遂邀海上女书画家二十余人，于陶乐春川菜馆设宴饯行，出席者有杨雪玖、陆小曼、陈小翠、李秋君、唐冠玉、顾青瑶等，挥毫作画赋诗，堪称盛会。顾青瑶戏谓冯氏曰：“摄政王将要遥领矣。”遥领即挂名任职之义，盖当时书画界多呼陆丹林为冯氏之“摄政王”也。

冯文凤九岁时（乙卯年，1915）即鬻书赈灾，其十五岁时在报纸上刊登《买字赎画》广告：“文凤自乙卯鬻书写画以来，计得楹联一千三百六十二对，画十八帧。现因学年俱进，昔日之作颇不满意，拟赎回补过，凡还我书者奉银一元，还我画者廿元。此约。文凤书画价值如下：七八言楹联五元，四五六言八元，水彩、油画卅六寸内百元，越额倍之。强索不润，均属学生代笔。”看似“赎回补过”，实有书画升值之暗示。反向炒作，当有高人指点。冯当年以隶书名闻海内，然白蕉尝评之云：“女子而有此气魄，且运笔熟，已臻炉火纯青之候。惜未临汉碑，从清人邓石如诸家入手，体亦未纯，时见杂碎，故气格逊矣。”

1960年，时任广州市市长、收藏家朱光（原名朱光琛）为广州美术馆征集藏品，遂委托著名女学者、广东省文物管理委员会委员冼玉清居间与香港简又文洽商，拟向简氏购买所藏书画。简氏当时仅拟将书画藏品分两批整体出售（不拆售），一为苏仁山等一百幅广东书画，港币十万；二为高剑父等岭南画家作品一百余幅，港币十万。此时国内正处经济困难时期，二十万港币难以筹措。10月，朱光调任国务院对外文化委员会副主任，此事遂无果而终。

约1939年7月，文物收藏家关寸草（藻新）将所藏西汉南越文王赵胡古冢出土之三件（片）刻有“甫五”“甫七”“甫十四”字样之黄肠题凑木刻，转售于叶恭绰。《上海图书馆藏叶恭绰友朋尺牍》第九册中有关致叶一信，其中有谈及出售三件南越木刻之事：“公赏及敝藏南越木刻，亟于月之十日分装三小匣，由邮局付呈，至乞察收。代价乞寄广州光复中路八十七号德纶丝庄代收，或便交秋湄君转下。”此信日期为“七月十四日”，无年份。1941年1月，广东文物展览会编印出版之《广东文物》（上册）所列展品：“广州南越王赵胡塚黄肠木刻三件，出品人叶恭绰。”广东文献展览会举办日期为1940年2月22日至3月2日，故关氏此信之年代下限为1939年7月14日，故叶氏之入藏时间应不晚于此年。

据1933年编印《广州市展览会南海关氏南越木刻斋出品目》一书所称，关氏于某年夏从邹少毅处购藏，而邹氏又从“某估人之手”购得。李凤公、黄少梅等《南越木刻斋图》册（今藏广东省博物馆）中，据诸家画作或题记之最早年款推测，关氏购藏时间约在1928年。马小进《西汉黄肠木刻考》一文（《广东文物》下册）言，三件原均为广东新会谭镳所藏（谭氏为梁启超表弟）。蔡守1932年《广东古代木刻文字存录》一文中云："甫五""甫十四"为谭镳所藏，"甫七"为梁启超所藏（或是后来转让谭氏）。简又文1975年《西汉黄肠木刻考略》一文中亦云："甫五""甫十四"等为谭镳所藏，"甫七"为梁启超所藏，并认为马小进一文所写三件皆为谭镳所藏有误，疑似受蔡守一文之影响。简文中有云"其后，此三章并为叶恭绰所有"。关寸草致叶恭绰信中已写明"分装三小匣"，即叶藏三件同时购于关氏，而非分别从谭、梁两处购得。1942年，叶恭绰由港归沪前，因贫不能成行，遂将所藏南越王墓黄肠木、汉南海郡铜壶、晋太康墓砖等售于潘熙，并赋七绝一首纪之（见《遐庵汇稿》）。1948年，简又文在广州购得此三件黄肠木刻，但未说明购自何人（可能购自潘熙）。简氏代广东省文献馆购藏"甫十四"（该馆于1949年2月移交广东省立中山图书馆），而自己购藏"甫五""甫七"。1959年，简氏将"甫五"转让给香港大学博物馆；1975年，又将"甫七"售予香港收藏家杨永德，后杨氏捐赠给香港岭南书院。

“惊看白满越王台”

——广州下雪的历史与想象

胡文辉

在今日世人的眼里，广州完全是一座无雪之城。

作为广州人，我没有见过雪。雪是我迄今未了的情结之一——想来也是不少广州人的情结吧。我不是专门研究广州历史问题的，但毕竟人在广州，加之有雪的情结，对于涉及“广州下雪”这个话题的文本，一直零星地有所关注。

应该说，“广州下雪”这个话题虽则少有人讨论，但绝非没有人讨论的。以我所知，有分量的基础性研究至少有以下几种：《广东省自然灾害史料　增订本》“冻灾记录”一项（广东省文史研究馆，1963年第2版）；杨宝霖《广东历代降雪考》（《自力斋文史农史论文选集》，广东高等教育出版社，1993年版）；乔盛西、唐文雅主编《广州地区旧志气候史料汇编与研究》“气象灾害”类“冷热”一项（广东人民出版社，1993年版）。尤其杨宝霖先生以一人之力，而引证最多最详，更能旁及诗文史料，即运用了“以诗证史”之法，尤为难得。

以上几项研究，在材料的搜检和积累上费了极大的工夫，但都是从气候学等自然科学立场来讨论的，重在统计基本数据，而且所依据的大体限于地方志材料。以我的能力来说，自然无法从气候学立场来讨论“广州下雪”问题，故我愿意“避实就虚”，只从掌故学立场，写一篇有关“广州下雪”问题的补证，力图在前人考述的基础上继续扩展史料，同时呈现更多的文献细节。

众所周知，2016年广州有过疑似下雪的记录，但大家肉眼可见，那只是一个薄弱的记录，尚说不上是正式的雪；但从历史来看，广州下雪是有明确记录的，而且记录还不算太少。

照一般的认识，广州气候的最大特点之一就是“冬无霜雪”。如地理学家曾昭璇指出，虽然广州有在宋代和明代下雪的记录，但记录稀少，“按近三十年纪录，未有下雪记载。……故广州素称‘炎方’（即热地），几百年才有一次，霜也很少……古谓‘粤人不知霜’是有根据的”。（《广州历史地理》，广东人民出版社，1991年版）不过，少虽然少，毕竟并不是无。“言有易，说无难”，广州“冬无霜雪”是一般情形，但并不是绝对的。

综合《广东省自然灾害史料　增订本》《广东历代降雪考》《广州地区旧志气候史料汇编与研究》三者的统计，从宋代起到清代止，广州（番禺）下雪的记录大体可确定的有十二次：宋淳祐五年（1245），明永乐十三年（1415）、弘治二年（1489）、嘉靖十六年（1537），清顺治十一年（1654）、康熙五年（已入阳历1667）、康熙二十二年（1683）、乾隆二十三年（1758）、道光十五年（已入阳历1836）、咸丰十一年（已入阳历1862）、光绪三年（已入阳历1878）、光绪十八年（已入阳历1893）；不能完全确定的有两次：嘉庆十四年（1809）、光绪十一年（已入阳历1886）。这样的话，广州最后的下雪记录是在1893年，去今已百余年矣。

—

知道了广州下雪的大概历史记录，以下就讨论见于诗文笔记的具体记录。

讨论广州风物问题，明末清初屈大均的《广东新语》是最基本也最丰富的文献。关于雪，此书又说了什么呢？此书卷一的“天语”部分，专门叙述天文气象事项，里面有“冰”和“霜露”的条目，但并没有“雪”的条目，但在“冰”和“霜露”条目里，实际上都是谈到雪的。如“冰”一条云：

粤无冰。……故语曰：“岭南无地著秋霜。”又曰：“天蛮不落雪。”即或有微冰，辄以为雪，或有微雪，以为冰。人至白首有冰雪不能辨者。……或极寒亦有微霰，然未至地已复为雨矣。少陵云：“南雪不到地。”是矣。

“霜露”一条云：

广州有霜而无雪。然霜亦微薄不可见，秋深以木叶微红，知其为霜耳。

此外，同卷“风候”条亦有云：

广州风候，大抵三冬多暖，至春初乃有数日极寒，冬间寒不过二三日复暖。暖者岭南之常，寒乃其变。所以者，阳气常舒，南风常盛，火不结于地下而无冰，水不凝于空中而无雪，无冰无雪故暖。……凡地之阳气，自南而北，阴气自北而南。比年岭表甚寒，虽无雪霜，而凛烈惨凄之气，在冬末春初殊甚。……盖地气随人而转，北人今多在南，故岭表因之生寒也。予诗：“边人带得冷南来，今岁梅花春始开。头白老人不识雪，惊看白满越王台。”又云：“一自边人至，南中得雪看。炎天无旧暖，涨海有新寒。”

屈大均认为“北人今多在南，故岭表因之生寒”，隐隐透露出他对清人征服岭南的一种历史观察，当然是一种有趣味而不科学的看法——如果反过来说，因为整个东亚大陆气候趋于寒冷，故促发了清人南下，才是符合现代历史气候学的看法的。同时，他一边说“比年岭表甚寒，虽无雪霜”，一边又说“南中得雪看”，也未免自相矛盾了。事实上，他当时在广州确是见到下雪的。他在书里自引的“头白老人不识雪，惊看白满越王台”一诗，原题《广州竹枝词》（见《翁山诗外》卷十六），汪宗衍、杨宝霖认为此诗所咏，应指康熙二十二年（1683）广州那场降雪（《广东历代降雪考》）。

除诗之外，屈氏在词里也咏到下雪，见其《蝶恋花·立春》：“开岁炎天频下雪。梅蕊迟开，冻得南枝彻。”又见《探春令》：“一春春暖似春寒，值炎州多雪。”（皆据陈永正《屈大均词笺注》，上海古籍出版社，2022年版）

由上可见，屈大均明明是在广州见过下雪的。大约因为他觉得，“暖者岭南之常，寒乃其变”，广州下雪只是“征服王朝”带来的异数，不是常态，故而没有在《广东新语》里列目吧？

按：英国商人沃尔特·门迪于1874年来华，在广州住了半年。他后来在自述里提到：“广州虽然与孟加拉处在同一纬度上，却享有温和得多的气候，绝不会达到像印度那样酷热。传闻这里曾经下过雪，在地面保持了几小时，但据报道，那时候本地人根本不知道这东西叫什么。”（《广州和虎门——在中国六个月的传奇经历》，［芬兰］利留斯《近代华南海盗纪事》附录，沈正邦译、何思兵校译，花城出版社，2020年版）从时间来看，他说“传闻这里曾经下过雪”，最有可能是指此前道光十五年（已入阳历1836）、咸丰十一年（已入阳历1862）那两次；至于说“本地人根本不知道这东西叫什么”，就与《广东新语》所言的“人至白首有冰雪不能辨者”正相契合了。

在雪的问题上，屈大均显得有些“保守”，稍后于他的范端昂，则为雪在广东正了名。范是广东三水人，所著《粤中纪闻》卷二的条目，除了有“霜”“冰”之外，还有单列的“雪”。他谈论“冰”，显然剿袭了屈大均，不必细举，而他谈论“雪”就可算“原创”了。其文如下：

天地积阴寒则为雪。岭南少寒，故少雪，有雪，皆为祥瑞。宋淳祐五年冬，广州大雪三日，厚积盈尺。明正德丙寅冬，万州（按：今海南万宁）大雪，有歌云：“粤中自古原无雪，万州更在天涯绝。岩花开发四时春，葛衫穿过三冬月。昨夜家家人索衣，槟榔落尽山头枝。小儿向火团炉坐，百年此事洵稀奇。”嘉靖十一年冬，德庆大雪，次年大熟。十四年，高明雪降，小如珍珠，盛之，少项（顷）盈掬，次年禾大熟。隆庆三年冬十二月西樵山大雪二日，林木皆莹。万历四十六年冬十二月，互阴，寒甚，雪昼下如珠，次日复下如鹅毛，六日至八日乃已，后连年俱丰登大有云。（此据汤志岳点校本，广东高等教育出版社，1988年版）

不过，范端昂所举的都是前代的例子，没有提及他自己是否亲眼见到过下雪。

二

就我所见，有关广州下雪的详细记录，几乎都属于诗这一文本。而此前以诗为证来讨论广州降雪问题的，已有杨宝霖、罗镇邦两位先生，可谓先行者。

康熙五年（已入阳历1667）那场雪，杨先生引了陈子升、陈恭尹的诗。前者题为《丙午腊月羊城对雪》：

怪得年来事事殊，岭南飞雪旧时无。云凝不见三山黛，天漏争盛合浦珠。野寺一僧烧榾柮，官街群马从氍毹。冲寒便欲还山问，椮到溪梅第几株。（《中州草堂遗集》卷十三，香港至乐楼1977年影印本）

按：作者另有词《望江南·闺雪》：

惊玉砌，深护宝炉香。叠被也曾窥燕姐，添放遮莫唤鹦娘。生怕朔风长。（《中州草堂遗集》卷十九）

语甚泛泛，则不知是否因康熙五年（已入阳历1667）的雪而作了。陈恭尹之作题为《广州客舍夜雪歌》，杨先生只引了部分，兹录全文如下：

季冬二十日始暝，玄云四塞天气凝。小雨初从屋角来，渐觉萧萧骇群听。开轩出立白照眼，把烛低看雪填径。纷璈（披）相属声更希，委积争高色逾莹。童子盛归锦袖中，主人为续清尊兴。千卮酬酢未颜酡，百巧雕镂随手应。入馔犹疑虎作盐，迎春不数银为胜。夜深气象惨更急，卧久衾裯寒不暝。俱言黍稷兆维丰，满把琼瑶晓相赠。从来见少怪者多，亦似西人惊海波。岁维丙午日亦丙，支寅时戌还相加。南州炎德济以水，此物或匪干天和。将无治世气自北，却恐侵人鬓先白。俟河之清尚有时，如粤之雪难再得。如粤之雪难再得，为君作歌兴殊极，彼苍此意谁能测？（《独漉堂集·增江后集》，此参郭培忠校点本《独漉堂集》，中山大学出版社，1988年版；陈荆鸿《独漉诗笺》，广东人民出版社，2009年版）

此诗内容不难理解，唯“从来见少怪者多，亦似西人惊海波”一句，“西人”应指山西人，而非西洋人。因为当时来华的西洋人是最惯见“海波”的，何“惊”之有？

道光十五年（已入阳历1836）那场雪，应该下得特别大，所以见诸吟咏最多。

罗镇邦先生最早举出了许青皋的七古长诗，但未录诗题，内文亦有误处（《广州降雪的纪载》，《岭南文史》，1986年第2期）；经查证，作者乃番禺人许玉彬（号青皋），诗题作《乙未腊月二十一日夜广州大雪》：

城头暧暧孤日沉，漫空忽布同云阴。荒村古迳绝人迹，昏鸦瑟缩争投林。狞飙入夜势逾烈，千声低压竹梢折。拥被萧斋寒未眠，檐际纷纷洒飞雪。乍闻隐约还猜疑，继谊翕习惊奇绝。粤中何幸得壮观，忘却幽襟冷如铁。晓起揩眼烟迷濛，阶前盈尺苔坳封。楼台凹凸不复辨，万家变作琼瑶宫。何当蹑足白云顶，晶莹高踞孤松峰。不然珠江放棹去，光明跃入琉璃中。玉山银海尽游览，少见多怪夸衰翁。漫云南雪自汉始，孝元故宅埋荆杞。更有海雪称畸人，声断琴弦难唤起。徒令触景空生情，古往今来一弹指。静参此理殊悠然，彼苍造化原无偏。蛮烟瘴雨久消歇，特将皓景开南天。我与梅花订后约，共乞玉戏逢明年。题诗呵冻笔瘦硬，纸窗竹屋助清兴。笑呼儿女共围炉，狼藉何妨任盘饤。再教沽酒催奚奴，来日人家醉司命。（《冬荣馆遗稿》卷二，咸丰十一年刻本。此据《广州大典》影印本）

此诗详细而生动地描摹了粤人见雪的“正常反应”，不待细解。至于诗里提到的“南雪”“海雪”，都是岭南有关雪的著名掌故，详见下文。

又杨宝霖先生引了东莞人何鲲的另一首长诗，题作《乙未腊月二十一夜广州大雪》：

岭南地暖原稀雪，广州况在中原绝。杨子宅边昔有之，未见其事闻其说。乙未腊月廿一夜，打窗淅沥随风下。千门万户敞凌晨，青年皓首群相讶。初疑罗浮春已催，千树万树梅花开。又疑五月木棉熟，南海庙前飞絮来。子夜飘摇日中止，鸳瓦平沟屐没齿。儿童戏弄范以模，手掬琼瑶仙门里。人尽冰衔在玉堂，蛎墙龙户生辉光。沉香浦冻珠成海，白云山拥玉为冈。我闻淳祐之五载，有明庆历两曾每。吾越频年大有秋，衣香食果无冻馁。迩来阳候数为灾，炊珠薪桂断水隈。百年幸见丰亨兆，嗷嗷中泽慰鸿哀。（张其淦编《东莞诗录》卷五十六。此据《广东历代降雪考》）

此诗也甚易理解，“初疑罗浮春已催，千树万树梅花开。又疑五月木棉熟，南海庙前飞絮来”几句，是借梅花和木棉絮来形容雪，比喻甚佳，且有地方特色。

据我远未详尽的查检，这一年的咏雪之作，还可补充相当多的文本，兹排比如下。

香山人黄培芳有七古《广州初见大雪歌》：

自古南雪不到地，千百年来降祥瑞。瑞雪纷纷遍粤城，道光乙未腊廿二。大地山河尽成玉，隙迳林花仅留翠。先夕维霰旋撒盐，飞霙六出逾清丽。晨起惊喧举国狂，见日真同蜀犬吠。瞪目老媪半呆立，拍掌儿童转嬉戏。或堆狮子塑判官，或觅瓶罂储瓦器。冻雀连拳不敢飞，市佣络绎称奇事。荆妻呼婢扫烹茶，进我一瓯浣肠胃。圣人在上海宇平，大法小廉臻盛治。今夏蝗蝻竟至粤，遗子胡能更为祟。立春后此始二日，预知大有占丰岁。同仁一视见天心，方隅畸云限地气。我昨初从郁水回，连年水患阳侯肆。拯民饥溺仗大贤，钜公群讲河渠志。剥复循环理有然，近闻嘉禾生七穗。天荒乍破报滕六，一洗炎郊滌荟蔚。长吟聊当鼓腹歌，粤岳山人以诗纪。（《岭海楼诗钞》卷十一，道光二十一年刻本。此据《广州大典》影印本）

“晨起惊喧举国狂，见日真同蜀犬吠。瞪目老媪半呆立，拍掌儿童转嬉戏……”云云，写市人的反应最为生动。不过，“圣人在上海宇平，大法小廉臻盛治”，则不免颂圣的虚言和套语了——要知道，此时已入1836年，去鸦片战争已不到五年了。

番禺人潘定桂一气写了五首七古，不易尽录，仅录其第一首《乙未十二月二十二日夜雪　用东坡聚星堂诗韵》：

万松绕径堆黄叶，今段真飞河畔雪。（万松径即杨孚宅。孚尝移雒阳松柏植其旁，隆冬飞雪，时人异之，因名其地曰河南。唐人有“河畔雪飞杨子宅”之句，故云。）龙公破例压冬温，翦水分花托奇绝。乍凭乌皮寒粟起，顿惊龟手锦衾折。南飞老鹤归未讶，北望骊驹行迹灭。穗城几日簑笠售，麪（面）市头番车牵掣。酒杯无力欺浅懦，诗律深严惭点缀。破晓斜飞犹作态，抟云欲散簁（筛）为屑。原知楼阁虚无影，过眼空花同一瞥。我家旧傍簁（筛）琼宅，故事磨塼（砖）尚能说。（明张琼所居即杨孚宅。尝掘地得塼文曰“杨孝元宅”，琼以为瑞，自号南雪。寻聪颖能诗。）即今南墅双义松，干老樠封樛屈铁。（家园曰南墅，多植松，中有义松二株，由万松径移植。）（《三十六村草堂诗钞》卷二，道光刻本。此据《广州大典》影印本）

所谓“用东坡聚星堂诗韵”，就是次苏轼《聚星堂雪》一诗的韵——此诗历代次韵者甚多，只是广东人自然少有机会用得上，这次好不容易赶上，自然就大次其韵了。

顺德人温承悌有《乙未十二月二十四日广州大雪口占四

绝》：

岭南只说梅如雪，蓟北曾传雪似梅。昨夜朔风吹六出，梅花同雪一时开。

飞霙旧记杨孚宅，今日传经秘笈多（谓学海堂诸君）。学稼近随农圃惯，只期丰稔茂嘉禾（今岁颇有蝗，得雪可除）。

经时病骨苦嶙峋，恰似寒虫蛰未伸。忽见雪蕉添色相（是时庭内山茶、墨兰、长春竞放雪中），忙披鹤氅斗精神。

自别春明六载余，转因对雪忘乡闾。酒酣耳热烹鲜后，乘兴还思独跨驴。（《泛香斋诗钞》卷三，光绪三年刻本。此据《广州大典》影印本）

作者是道光六年（1826）进士，在北京做过官。末一首意思是说他在广州看到雪，一下忘了这是故乡，还以为身在北京，想骑驴出门去呢。

顺德人唐金华有《广州大雪》，包括七律四首：

昨宵滕六忽南来，踏碎琼瑶万万堆。大地红尘消浩劫，谁家白战擅清才。三冬有絮休吟柳，五岭无花不放梅。顷刻同云争密布，纷纷飞遍越王台。

拱北楼高漏滴残，重衾恋恋尚嫌单。千家望眼何妨白，五夜吟肩独耐寒。马到关前行不易，人从门外立应难。大通无限烟和雨（大通滘在河南），一样空濛到画栏。

斜拖淡抹复低垂，轻点苔阶重压篱。山洞白连云影乱（白云洞在西樵山），江亭红浴日光迟（浴日亭在番禺罗江上）。月明桥上盐谁撒（明月桥在府城内仓边街口），星聚堂中铁漫持。却笑寒儒寒未了，三更犹坐读书帷。

糊模何处访芳华（芳华苑在府城南）昔日红云未足夸。丹荔湾头何结子，素馨田畔合开花。仙人旧迹泥留爪（仙人巨迹在五仙观），珠女新妆玉不瑕。应拟丰年图瑞像，五羊衔谷兆禾嘉（《广州记》：广州厅画五羊像，又作五谷囊，随像悬之）。（《红荔山房吟稿》卷上，咸丰十年刻本。此据《广州大典》影印本）

在“广州下雪”题材上，这四首组诗遣词用典甚丰富，似可算最整齐的大制作了。

南海人谭莹有五古《广州无雪，腊月廿一夜大雪，晓起犹未晴也，赋诗纪之》：

卧闻人声喧，亦解言是雪。窗纸明于灯，衾布冷疑铁。特起循阶除，纷披朗莹澈。开门看闾巷，深殆没车辙。登楼复四望，万瓦铺玉屑。拟絮态宛然，补梅格奇绝。闲庭杂花树，擎重冻欲折。掷米谁嬉游，散花自怡悦。拟掉钓鱼舟，饱看青山缺。一轮日曈眬，消融倍火热。檐溜惊阑珊，晴雨羌无别。广州南越地，此景不曾阅。东汉杨孚宅，松柏森成列。人自洛阳还，高寒表奇节。［康熙五年（1666）迄乾隆二十三年（1758），故老为余说。］独漉陈有长歌，澜翻骋笔舌。未必如今兹，飒爽还飘瞥。天南气候殊，坚冰不曾结。忽睹雪霏霏，寒增骨亦彻。预占大有年，天公信先泄。往籍同斯言，丰穰当可决。积潦弥三载，耰锄恐不迭。无论山水乡，遗蝗祝尽灭（粤中无蝗，今岁忽觏之）。触拨遣诗怀，商量参画诀。剥啄画人来（篴江香湖），瓷瓯水先设。（《乐志堂诗集》卷三，咸丰庚申刊本）

诗里“拟絮态宛然，补梅格奇绝”两句，取喻实与上述何鲲的“初疑罗浮春已催，千树万树梅花开。又疑五月木棉熟，南海庙前飞絮来”大同小异。从“东汉杨孚宅”到“独漉有长歌”几句，则简单地回顾了广州的下雪小史。又有七律《乙未冬十二月大雪》：

议郎游倦洛阳还，松柏移栽感召先。乙未羊城原幸值，丙丁龟鉴屑重编（丙午丁未，粤无饥者）。丰穰屡庆偏隅乐，离乱刚逢大有年。米价递增晴凛冽，转思当日雪漫天。（《乐志堂诗集》卷十一）

此外，南海人孔继勋长年在京为官，颇有咏雪之作，还写了一首《粤雪吟》：

吾粤自韶阳以北，时有积雪，而广州尠闻焉。丙申正月二十三日，接家报于去腊会城忽得雪深二寸余，事出创见，不可无诗。辞曰：

炎州草木常青葱，雪落不到寒先融。忽创奇闻欲惊倒，六花飞满仙城中。乡书到手读未竟，肃肃疑有清辉笼。备陈去冬腊廿二，风积云繁剧作意。永夜空中碎撒盐，诘朝林表条封翠。亟携瓶甑贮冰清，争镂禽鱼为玉戏。童嬉妇诧昔未睹，造物胡为降祥瑞。追思夏陇初分秧，蔽天匝地来飞蝗（粤地亦初见蝗）。火之不尽捕亦懈，舍此懔懔几成殃。一夕寒光扫遗孽，万家喜气占丰穰。远闻此语辄叹息，帝岂无因滕六敕。权衡物理固相须，冥漠天心宜可识。嗟予频度京华春，碾琼屑玉驰双轮。事传万里足千载，涤笔写出逾清新。（《岳雪楼诗存》卷二，咸丰十年刻本。此据《广州大典》影印本）

丙申即道光十五年（1835）。孔继勋是因为家书报知广州下雪而作此诗，虽非亲见，但也是因此而起的，故亦不可不录。

又香山人黄承谦有一首五言排律《忆雪》，前面部分有云：

地势偏东粤，天时异北燕。三冬晴雪少，十月岭梅先。未识飞霙样，难裁咏絮篇。人刚逢乙岁（道光乙未见雪），余尚忆丁年。点点讶奔雹，霏霏疑转烟。侵晨裂蜀绢，向午收吴绵。鹏罢中庭舞，龙归大海眠。恩膏沾禹甸，丰稔庆尧天（是年丰稔）。……（《观自养斋诗钞》卷二，咸丰二年刻本。按：作者改作又见《仰山楼诗草》卷五。皆据《广州大典》影印本）

自注里提到“道光乙未见雪”，应是作者当时在广州或广州附近地区见到那场雪。此诗是他的追忆之作。

又，山东宁阳人黄恩彤，后世以参与鸦片战争对英谈判而闻名，他有一首《汶上道中遇雪》，开头即云：

我官于粤凡七年，隆冬飞蚊聒醉眠。未曾见霜何有雪，惟闻瘴雨愁蛮烟。滕六一出众犬吠，儿童惊叫争喧阗（道光十八年广州见雪，犬吠儿啼，移时方定）。……（此据《黄恩彤文集》，魏伯河点校，齐鲁书社，2021年版）

按：黄恩彤在广州任职，在道光二十二年至二十八年间（1842—1848）（见黄恩彤《稀龄追忆录》卷三，《黄恩彤文集》第五册），此期间广州并无下雪的记录，故他在诗注里说的“道光十八年广州见雪”，应是听别人转述的——我怀疑他记错了年份，他所说的，应该也是指道光十五年这次，故附录于此。

至于咸丰十一年（已入阳历1862）那场雪，各种地方志皆未见记载，而杨宝霖先生举出潘恕诗《九曜桥赏雪歌》为证，最可见“以诗证史”的价值。但他引诗仅四句，今全录如下：

廿七年前岁乙未，腊月之日二十四。纷纷大雪飞絮狂，冻杀蝗蝻入深地（东粤从无蝗虫害稼，是年南海县有之，番禺县独无，亦异事也）。我时戴笠拖屐行，林木溪桥皆画意。道逢老翁向余言，百岁以来无此瑞。今年辛酉腊月初，上天雨雪如珍珠。莹莹鱼目光闪烁，皎皎晶盐堆密疏。我家住近杨孚宅，南雪从来多胜迹。梅花对我彻骨寒，似诉良辰莫抛掷。侵晨偕客（谓紫虚泛画船，舍舟登陆）来桥边。石旁字未观米芾（桥旁有米南宫刻石），瓮头春早刍郑虔。羊羔入馔精且旨，风味党家大相似。送炭不少爱才奴，催酒惜无诵诗婢。一时堂上回阳春，鸟调冻舌花破唇。兴酣耳热杂调笑，此乐忘形无主宾。前翻咏雪仿白战（乙未岁骏坡弟与陈仲卿表伯咏雪，曾四叠聚星堂诗韵），互向骚坛斗雄健。李生（谓紫黼）新句肖髯苏，余怀别写开生面。不知瑞雪复何时，有酒同君斟酌之。他年记取药州畔，鸿爪留存七字诗。（《双桐圃诗钞》卷四，同治三年刻本。此据《广州大典》影印本）

这首诗其实写了广州的两场雪。前面八句，是咏“廿七年前岁乙未”，也就是道光十五年（已入阳历1836）那场雪。据诗人自注，当时“骏坡弟”“陈仲卿表伯”也写过咏雪诗——这位“骏坡弟”，也就是上面列举的潘定桂，号骏坡，不过他当时是“五叠聚星堂诗韵”，而不止“四叠”了。至于“今年辛酉腊月初，上天雨雪如珍珠。莹莹鱼目光闪烁，皎皎晶盐堆密疏”四句，描述非常明确，可见这一年的确下过雪，只是下得不大，无法跟道光十五年（已入阳历1836）那次相比就是了。

光绪十八年（已入阳历1893）那场雪——有史以来广州的最后一场雪，我未见诗作，不过幸而见到一个记录，见于傅肇敏日记。这位傅肇敏是河北临榆（今属秦皇岛市）人，时任广东提刑按察使司，住在广州。其日记旧历十一月二十九日（阳历1893年1月16日）载：

昨夜朔风凛冽，雨雪交加，瓦面闻有淅沥之声，空中宛似撒盐之状。今早开门一望，积水皆冻，无处不冰，俨若琉璃世界。雨虽止而晴未开，风虽微而冷依旧，冻未消尽，寒气更严。早晚两膳，皆围炉以食焉。粤东地处炎荒，如此冰雪严寒，人皆罕见者也。（据本地人传云：六十年前曾见过冰雪一次。）（邱明整理《傅肇敏日记》，凤凰出版社，2022年版）

这就是目前所知广州最后一次下雪的直接记录了。至于傅氏记本地人说的“六十年前曾见过冰雪一次”，应指道光十五年即阳历1836年那次——之所以没有提咸丰十一年（已入阳历1862）、光绪三年（已入阳历1878）那两次，想必是那两次下得较小，大家对其印象淡漠的缘故吧。

三

我所知有关“广州下雪”的实录文本，凡属“亲历、亲见、亲闻”者，大体已见于上文所举。不过，广州人，包括广州周边的人，在广州境外对下雪有“亲历、亲见、亲闻”经验的，那自然就太多，不胜枚举了。

可以想象，广东人对于下雪的反应，必然是少所见而多所怪，肯定是要大于北方人的，此即黄培芳诗所云“见日真同蜀犬吠”也。所以，广州人在外地见到雪，往往见必有诗，下笔不能自休，故连篇见于吟咏。

最突出、最典型的例子，我想一定要数明末清初的著名诗僧天然和尚（函昰）。他本是番禺人，早年曾参加科举，后削发为僧，长期在庐山寺庙修行，也就颇有见到雪的经验，见于其诗《还庐山与尘异第一次对雪二首》《大雪开帘看牡丹台》《尘异、广慈呈对雪诗，用韵和之》《牙痛，诸子入候，时正大雪，命西轩围炉分赋》《净成上老父供，阻雪十日二首》《雪中上净成》。而最特别的，是他有一个单独的《雪诗》系列，分别用了五律、七律、五绝、七绝四种体裁，而每个体裁又分别押了平水韵上平、下平共三十个韵来作诗，也就是每个体裁写三十首，整个系列共计一百二十首（见《瞎堂诗集》卷二十。此据李福标、仇江点校本，中山大学出版社，2006年版）。要说明一下，他以这种体例来写诗，是先有了咏梅系列，然后再作此咏雪系列，并分别以《梅花诗》《雪诗》为名出过单行本。这一遍用诸体、遍押诸韵的体例，在古今可谓少见，至于用来咏雪相信就更是绝无仅有了。

天然和尚的这个咏雪系列，整体来说，是以雪为题而泛咏的，但其写作的动机，却是来自他亲见下雪的感受。试看其五律东韵一首：

二月岭南雪，梨花间雪中。影浮难似月，力弱不关风。片上青衫色，繁飘白浪空。千峰今夜梦，迢递湿归鸿。

这是他整个咏雪系列的第一首，而起首就说“二月岭南雪，梨花间雪中”，显然是纪实的。原来，天然和尚在康熙六年（1667）二月曾到丹霞山，一上山即遇到大雪。《雪诗》单行本的陆世楷序有云：“顾岭南之雪，未易多见，乃师甫入丹霞，而琼林瑶树，忽与笔花墨沛，翕然相遇于几杖之前，殆犹丰山之钟别有感应，而岂地气所能囿哉！”（据李福标《清初丹霞天然年谱》，广东人民出版社，2020年版）由此，一下触发了其诗兴，遂遍用诸体、诸韵，有些疯狂地调动起他对下雪的经验和想象，成就了这一组空前绝后的咏雪之作。总之，天然和尚的这番咏雪，十足体现了广州人对雪的深刻情结。

又番禺人宋廷选有一首《忆雪》：

时晴佳想古今同，清兴依然望欲空。驴背光阴生眼底，羊裘风味在胸中。诗评柳絮情如昨，人老关河气转雄。回首梅林添鹤梦，应呼滕六写离衷。（《莲溪诗钞》卷四，道光刻本。此据《广州大典》影印本）

看起来，这应是作者回想起在外地见到雪的情形而作。第一句用王羲之《快雪时晴帖》“快雪时晴，佳想安善”语；第三句用晚唐宰相郑綮“诗思在灞桥风雪中驴子上”语（见孙光宪《北梦琐言》卷七），或是用孟浩然“吾诗思在灞桥风雪中驴背上”语（见张岱《夜航船》“天文部·雪霜”类。但此事疑出于讹传）；第四句用严光披羊裘垂钓事；第五句用谢道韫“未若柳絮因风起”语。其中颔联“驴背光阴生眼底，羊裘风味在胸中”甚佳。

又番禺人梁松年有一首《雪》：

云淡星凄日影斜，因风柳絮乱飞花。分明片片寒侵骨，偏入鹑衣处士家。（《心远小榭诗集》卷二，据刘正刚整理《梁松年集》，广东人民出版社，2018年版）

从梁松年的生卒（1791—1865）来看，他是有机会见到道光十五年（已入阳历1836）、咸丰十一年（已入阳历1862）那两场雪的；但这首诗看起来只是泛咏，更可能表现了他对雪的一点想象吧。

又清末重臣张荫桓是南海人，家居佛山，也不妨当作广州人一般看待。他一生官高位显，有游历四方乃至海外的经历，写雪的诗作尤其多，略有《头陀山麓雪弥勒歌》《大雪寄怀仲观太守山东》《大雪示从弟觐廷》《雪霁郊行即目》《雪后登黄鹤楼迟仲约不至》《雪中约晴岚晚饮醉歌》《除夕雨雪作歌》《十一月初九日美都大雪》《雪》《壬辰元日早朝太和殿大雪，季度叠前韵索和》《二月晦夕雨雪，善缘庵待漏》《三月八日晴，急雪忽止陡寒，时方春操》《十三日雪》《积雪满畦，枯芦一丛，未尽凋落》《二月廿四日出都雨雪》《腊月十三日得雪，云门将返秦中，赋诗留行，并简仲华相国，伯羲、廉生两祭酒》等（据任青、孔繁文整理《张荫桓集》，中华书局，2012年版）。试举其七律《雪》一首为例：

高楼霰雪自为邻，松老拏空缀白鳞。毡恋汉官原典属，赋成右客更何人。最难独夜如银月，遥数东华戏玉晨。客里围炉鲑菜缺，水仙犹作故园春。

按：此诗“毡恋汉官原典属，赋成右客更何人”，用的本是熟典，但用典的方式有些“陌生化”，需要稍作解释：上句指西汉时的苏武，他从匈奴返回汉朝后被任命为典属国；下句指南朝时的谢惠连，他写过《雪赋》，赋中有“（司马）相如末至，居客之右”的话，并以相如作答的口吻来描述了雪。

又三水人黄祝蕖（原名黄荣康）定居广州，他有《咏雪五首》，今见三首如下：

萧萧寒气逼柴关，卷幔平看雪满山。飞絮乱侵疏闼外，落花不扫广庭间。千门夜寂残蟾照，万里天澄一鹤还。独倚南楼吹铁笛，那知身世在尘寰。

对此茫茫感不胜，平生傲骨也崚嶒。洛阳袁大凭谁作，郢市歌高只自能。富贵有人居广厦，江湖无梦间残灯。功名灰冷襟怀淡，稳卧袁安醒未曾。

诗心何处最玲珑，世界三千一望中。皛皛人家成玉宇，纷纷草树落金风。群山积素烟云敛，万籁沉声天地空。莫谓凋零难耐冷，凤凰他日此梧桐。（《凹园诗钞》卷下，民国刊本）

这几首诗写得不即不离，在广东人的咏雪诗中可算佳制。其写法大体是白描，唯有“洛阳裘大凭谁作，郢市歌高只自能”两句用了典：上句语出白居易《新制绫袄成感而有咏》“争得大裘长万丈，与君都盖洛阳城”，下句暗用宋玉《对楚王问》中“阳春白雪”的典故。作者生于光绪三年（1877），理论上有机会看到光绪十八年（已入阳历1893）那场雪；但从他的写法来看，不像是因看见下雪而作，而只是以雪为题泛泛而咏，故更适宜视为对雪的文学想象。

以上列举的咏雪诗，相信已足以让我们领会广州人（广义的）对于雪的情结了。

四

但话又说回来，广州下雪的时候毕竟太少，故一千年的记录也不过如此。故我以为，讨论广州下雪，不能只讨论实际的下雪，还应该把想象的下雪也囊括进来。而这一方面，前人从气候学立场讨论“广州下雪”问题时，自然不会涉及，我们从掌故学立场就更应该当仁不让了。

对于广州下雪最经典、最著名的想象，无疑是东汉杨孚的传说。传说杨孚是南海番禺人，他与雪的传说，最早见于晚唐诗人许浑的《冬日登越王台怀归》：

河畔雪飞杨子宅，海边花盛越王台。（罗时进《丁卯集笺证》，中华书局，2012年版）

但许浑诗只是片言只语，真正明确的记录，要到明代才出现，见欧大任《百越先贤志》［嘉靖三十三年（1554）］、黄佐主编《广东通志》［嘉靖三十九年（1560）］、黄佐《广州先贤传》诸书。欧著卷二“杨孚”条云：

孚家江浒北岸，尝移洛阳松柏种植宅前，隆冬蜚雪盈树，人因目其所向为河南。（见《欧虞部集》，万历刻本；又有康熙刻本。皆据《广州大典》影印本）

按：欧大任是黄佐的学生，但从著作刊行的时间来看，欧大任的文本应在前，黄佐的文本更可能是沿袭欧大任的。《广东通志》卷五十四《杨孚传》（嘉靖四十年刻本）及《广州先贤传》（《泰泉集》卷五十六，康熙二十一年刻本）的文本与《百越先贤志》完全相同，兹不俱引。又稍后郭棐《粤大记》卷二十三《杨孚传》也完全沿袭了《百越先贤志》的文本（此据黄国声、邓贵志点校本，广东人民出版社，2014年版）。再以后，屈大均《广东新语》卷二“河南”条云：

汉章帝时，南海有杨孚者，举贤良，对策上第，拜议郎。其家在珠江南，常移雒阳松柏种宅前，隆冬蜚雪盈树，人皆异之，因目其所居曰河南。河南之得名，自孚始。岭南天暖无雪，而孚之松柏独有雪，气之所召，无间远迩。雪其为松柏来耶？为孚来耶？予诗云：“能将北雪为南雪，为有苍苍自雒来。松柏至今虽已尽，花田尝见雪花开。”花田者，河南有三十二村，旧多素馨，花时弥望如雪，故云。孚字孝元，其宅在河南下渡头村。越本无雪，至是乃降于孚所种雒阳五鬣松上，可谓异矣。唐许浑诗：“河畔雪飞杨子宅，海边花发粤王台。”有张琼者，尝掘地种菱，得一砖云“杨孝元宅”，琼异之，因号南雪。

又（乾隆）《广州府志·古迹》：

汉帝时，议郎杨孚故居。早尝从洛阳移松柏种宅前，冬雪盈树，人皆异之。因目其地曰河南。盖粤无雪，而孚之松柏独有雪也。（此据黄任恒《番禺河南小志》卷二“古迹”部分，罗国雄、郭彦汪点校本，载广州市海珠区人民政府编印《海上明珠集》，1990年版）

至此，杨孚传说可算定型了。照这个传说，杨孚从洛阳移植了一棵松树，种在自己家门前，“隆冬飞雪盈树”“粤无雪，而孚之松柏独有雪”，即下雪的范围，只限于杨孚种的这棵松树，不多也不少。这样一个下雪景象，类似于今日的人工造雪，在古人来说当然是一个堪称“浪漫”的奇观。但这样的奇观，只可视为想象和神话，自不宜视为实录的。况且，《百越先贤志》《广州先贤传》种种都只是明代的文本，就算是许浑的诗，也只是唐代的文本而已。这样来看，杨宝霖先生举此记载为广州东汉下雪之证（《广东历代降雪考》），是不合适的——尽管在理论上说，东汉时的广州确有可能下过雪。

除了杨孚式的传说之外，从不少文人名士的雅号，也可见广州人对雪的情结和想象。

首先是明末名士邝露，其室名为“海雪堂”，故后世径以“邝海雪”指称其人。清代樊封《南海百咏续编》卷一“海雪堂”条云：

宝剑哀鸣镜有芒，天魔古鬼啸诸房。名成海雪骑箕去，正命如斯岂是狂。

湛若负天才，有清狂名。以事走猺硐，为云亸娘掌书记。鼎革时出为绍武中书舍人。丙戌之役，与诸将固守省垣，城破日为甲士所获，引归其寓，踞坐海雪堂上，罗列瑰宝，［啸歌］以待甲士杀之。其从容就义，视彼之假托缁黄、偷息草间者，未可同年而语矣。所蓄之宋理宗琴、怀素墨迹千文、文丞相砚遂散落人间。（此据刘瑞点校《南海百咏续编》，广东人民出版社，2010年版）

此外，吴兰修《邝湛若传》、陆以湉《邝湛若篇》、（道光）《广东通志·邝露传》也都提到他所居的海雪堂（据吴天任《邝中秘湛若年谱》附录，香港至乐楼，1991年刊本）。海雪堂这个室名的由来，不知有没有更原始的文献记录，但我猜测，“海雪堂”的“海”，想必是指“岭海”或“珠海”而言，则“海雪”之名，应该是出于邝露对雪的想象了。

值得一提的是，邝露也是见过雪的。他在南京时写过一首《曲中见雪》：

祈年看瑞雪，况在莫愁家。彼美临芳树，先春见落花。凝情符皦日，盈手思瑶华。欲偶幽兰曲，同心怅有遐。（此据黄灼耀点校《峤雅》卷五，广东高等教育出版社，1990年版）

“曲中”，是秦淮河畔的妓院。从诗集的前后作品来看，此诗可能作于崇祯九年（1636），作者时年三十三岁（参吴天任《邝中秘湛若年谱》）。他会不会因为此时有过看雪的经历，后来才追怀前事，将自己在广州的家命名为“海雪堂”呢？

邝露死于清初，去今已远，而清后期的例子更是不少。

前面提到的孔继勋，是道光十三年（1833）进士，后世以藏书闻名，其室名叫“岳雪楼”，遗诗亦编订为《岳雪楼诗存》。其子孔广镛、广陶谓：

先大夫于乙酉纵游南岳，山水之兴方滋，归筑岳雪楼以藏书画图籍。集以是名。（《岳雪楼诗存》跋）

又《南海罗格房孔氏家谱》亦载其事：

道光乙酉赴都，冒雪游南岳，登祝融峰绝顶，与隐者明鉴上人订交，归筑岳雪楼以藏书画图籍。

可见“岳雪楼”的得名，是来自孔继勋自己的实际经验，代表了他对“岳雪”即南岳衡山之雪的追忆——但自然也折射了广东人对雪的情结。其子孔广陶后来继承了“岳雪楼”这个室名，并将孔家藏品编纂为《岳雪楼书画录》，又刻有《岳雪楼鉴真法帖》，这也可视为他们对于雪的情结的延伸吧。

邝露、孔继勋都是见过雪的，他们的“海雪”“岳雪”，都蕴含着自己的体会；而更常见的情形，是承袭了杨孚的传说来表达对雪的想象，也就是本人未必见过雪，只是借杨孚的典故“意淫”一下。

前述杨孚与雪的多种文本，若论影响的话，显然要以屈大均的《广东新语》后来居上。而《广东新语》里就已记录了“意淫”杨孚的一个逸事：有位叫张琼的人，得到一块砖，砖上有“杨孝元宅”字样，“琼异之，因号南雪”。凭着屈大均的影响力，后世不仅普遍接受了杨孚传说，也往往接受了“南雪”这个引人遐想的词。这方面事例甚多，冼玉清《杨孚与杨子宅》一文早有详细的钩沉（《冼玉清文集》，中山大学出版社，1995年版）。兹参照冼氏所述，另作查证并补充，举例如下：

如今已不知名的潘有为，系十三行行商、号称“世界首富”的潘振承的次子，并且还是乾隆三十五年（1770）进士，官至内阁中书，其室名就叫“南雪巢”，今存《南雪巢诗钞》。潘氏的外甥陈昙谓：

舅居珠江之南，相传为汉议郎杨孚故宅，故以南雪巢颜其书斋云。（潘有为《南雪巢诗钞》跋。此据《广州大典》影印本）

又（宣统）《番禺县续志》卷四十“古迹”亦载其事：

南墅潘氏园也，在河南潄珠桥。乾隆间，潘有为以忤权贵，归居林下数十年，足迹罕入城市。居近万松山麓，相传为汉杨孚故宅，故颜其斋曰“南雪斋”，又曰“橘绿橙黄山馆”。（此据黄任恒《番禺河南小志》卷三“第宅”部分）

可见他自名“南雪”，就是直接用了杨孚的典故。按：潘氏《河南杂诗三十二首》之一云：

杨子宅边松柏尽，居人犹自说河南。谁稽岭外来巢处，重忆嵩阳万木参。（自注：粤本无雪，汉议郎杨孚移嵩山松柏，遍植珠江南岸，始有雪巢其巅。）

又《万松山赏雪》云：

嵩阳老树能来雪，见雪于人眉睫间。种鬣寒山衾影在，照人清白两相间。（皆见《南雪巢诗钞》）

此诗题的“万松山”，也就是《番禺县续志》所言“居近万松山麓”的那个“万松山”。可见以上两诗，都是潘氏就杨孚逸事而作的。

顺德人张锦芳，乾隆三十年（1765）进士，其读书处号“南雪轩”，著有《南雪轩诗余》。

著名诗人张维屏，晚年时筑宅于广州河南（海珠区）原来的大通寺旁，名曰“听松园”，里面的书斋名“南雪楼”。陈其锟《听松园十八咏和南山司马·南雪楼》云：

海边潮落后，河畔雪飞时。不见杨孚宅，间吟许浑诗。（《陈礼部诗稿·载酒集》卷二，咸丰二年刻本。此据《广州大典》影印本）

又徐灏子《听松园十八咏·南雪楼》：

五岭多芳草，幽花晚更香。从知六月雪，不及小南强。（《灵洲山人诗录》卷六，同治三年刻本。此据《广州大典》影印本）

道光咸丰年间有官员兼收藏家名伍元蕙，后改名伍葆恒，其室名为“南雪斋”，号“南雪道人”，其故居在今天的广州河南（海珠区）——故居旁边至今还有一条小巷叫“南雪横”，即其室号的遗迹。而他所编刻的拓本集，就叫《南雪斋藏真》，虽然内容颇多伪作（参容庚《广东的丛帖》，曾宪通编《容庚杂著集》，中西书局，2014年版）。

叶恭绰的祖父叶衍兰，字兰台，又字“南雪”——叶恭绰就称他为“南雪公”（《先君仲鸾公家传》，谢永芳校点《叶衍兰集》附录，上海古籍出版社，2015年版）。

除了以上冼玉清首先拈出的例子，我还见过一副梁启超的集（张迁碑）字联：

远载素书问黄石，自犁南雪种来禽。（浙江平湖博物馆藏）

这当然也是袭了潘有为们的故智，继续挪用“南雪”的典故。又，前述黄恩彤也有“南雪”的别号（见《宁阳续志·黄恩彤传》，《黄恩彤文集》第五册附录），跟他在广州任职的经历是否有关？录以备考。

“南雪”之外，又还有其他的例。

清代陈世熙《广州郡斋十六咏·红雪亭》：

疏影款斜晖，亭花吐夐绝。不知何处香，但见飞红雪。坐看雁齿阶，冷湿珊瑚玦。（《莲塘诗钞》卷四，清刻本。此据《广州大典》影印本）

可知当时广州的官舍里有“红雪亭”，“红雪”大约是形容凉亭旁边的花，花而称雪，自然也体现出广州人对雪的神往了。

张维屏晚年有诗，题目里提到“十四日，伍荫庭司马长樾、潘霞泉明经仁炳觞余于澡雪楼”（《松心诗集·草堂集》卷二。此据黄国声、李福标《张维屏先生年谱》，广东人民出版社，2023年版）。这里提到的“澡雪楼”，从名字来看，更可能是私人居所，但也不无可能是酒楼。按：“澡雪”一词，本义指以雪洗浴，词源可以追溯到《庄子》，则无论其为室名抑或酒楼名，以广州人而用此词，也可视为一种对于雪的情结了。

五

广州人对雪的情结，还体现于景观的欣赏方面。最突出的，应该要数梅花，或者用梅来形容雪，或者用雪来形容梅，本质上都是通过梅花来想象雪，将白色的梅当作雪的替代品来欣赏——这一点，本是古人已有的修辞，比如南唐李后主李煜《清平乐》词的名句“砌下落梅如雪乱，拂了一身还满”即是。但广东人用得更多，可说是发扬光大了。

如明代高明人区大相《梅花歌》：

开时雪障炎天白，飘处香浮海月昏。

又其《家人初至京，置酒庭中对雪作》：

不知燕地雪，犹讶故园梅。［皆见刘正刚整理《区太史诗文集（外二种）》，齐鲁书社，2017年版］

他既用雪来比喻梅，也用梅来衬托雪。

又如梁佩兰《南海探梅》之一：

三十里中皆是雪，不留一片认青山。（《六莹堂集》）

这是直接以雪来代指梅花。

又如大汕和尚，后半生移居广州，其《六瓣梅花同吴园作》有云：

不教霜入骨，先与雪精神。（《离六堂集》卷七。按：又见于改作《六瓣梅花》，《离六堂二集》卷二。此据《大汕和尚集》，万毅、杜霭华、仇江点校，中山大学出版社，2007年版）

又梁松年《探梅》亦有云：

村仆蓬头霜影泊，道人铁脚雪花攒。（《心远小榭诗集》卷二）

以上两例，都是分别借霜、雪来形容梅花。

又如梁廷枬《落梅四首》之一：

碎粉飘零刚点滴，风来忽滚雪花团。（此据《艺文汇编》，杨芷花点校，暨南大学出版社，2001年版）

梁廷枬是顺德人，前半生居乡，但也不时来往广州，他的感受也跟广州人无异。

又如南海人谭宗浚在外地见雪，也联想到故乡的梅花，见其《泊舟南昌大雪作歌》：

吾家岭海居南陲，赤日长照恒炎曦。隆冬飞雪洒不到，但有千树梅参差。（《荔村草堂诗钞》卷五）

同样的例子还有番禺人李光廷的《树枝挂雪，俨梅花开时，特少香耳，兴感故园，感赋一首》：

北地无梅空有雪，还布枝头白玉堆。乍睹雪花寒已结，遥惊梅信远初回。（《宛湄书屋遗诗前集》卷一，光绪八年刊本）

此二诗皆以广东的梅与外省的雪相提并论，与上述区大相的“不知燕地雪，犹讶故园梅”正堪对照。

还有个比较特别的例子。有广东人萧江，生平事迹不详，他有一首《岭南无雪拟岑嘉州白雪歌》，用意较特别，全引如下：

幽并雪花大如席，洒空何止平地尺。层冰峨峨一丈高，气压皂雕飞不得。布衣诸生穷可怜，十载冻卧寒无毡。饥来欲作岭南客，闻说瘴疠心茫然。道逢越贾谈乡土，鄗州家家开北户。县名比景最当中，野号炎风长是暑。就中一事尤堪诧，太古以来无雪下。至今寒士皆开颜，安用万间营广厦。沸井温泉难具详，州南涨海气如汤。阳侯踏波煽阴火，滕六巽二走且僵。有时雨洗三日热，浅湫玻璃明镜裂。水边篱落见梅花，道是蓟门晴后雪。客闻此言初首路，回头密霰千山暮。为报袁安时起来，移家早向炎洲住。（何藻翔编纂《岭南诗存》七古部分，香港至乐楼，1997年刊本）

此诗极写北方寒冷之苦，以衬托岭南无雪的好处，最后以"为报袁安时起来，移家早向炎洲住"的呼吁作结。这可算一反粤人对于雪的情结，作了一篇翻案文章，只是不免又有一点阿Q精神了。尽管如此，他诗里那两句"水边篱落见梅花，道是蓟门晴后雪"，亦可见广东人将梅花当作雪的心理。这显然也是广州人对雪的想象的一个例证。

由以上咏梅的诗句，可见得将梅视为雪的替代品，是广州人乃至广东人的一种普遍心理。如今广州市郊著名景点"罗岗香雪"（曾列入1963年的"羊城八景"），实可谓渊源有自，有意无意地承袭了前人的修辞创意。

除了梅花，还有素馨。前引《广东新语》卷二"河南"条有这样的话：

予诗云："……花田尝见雪花开。"花田者，河南有三十二村，旧多素馨，花时弥望如雪，故云。

又卷二十七"素馨"条也说：

……隆冬花少，曰雪花，摘经数日乃开。夏月花多，琼英狼藉，入夜满城如雪，角处皆香，信粤中之清丽物也。

可知屈大均又将素馨当作雪来欣赏了。

梅花、素馨之外，我还从完全不相干的地方发现了一个最特别的例子。

去年笔者点校了邬庆时所撰的《南村草堂笔记》，其卷四是谈番禺物产的，有一则专门讲腌萝卜干：

切菜，为蓼滘水出口货之大宗，每年自十月以至翌年正月，于田间搭盖茅寮，满堆萝卜，村女百十，列坐其次，切之为丝，晒于笪上。岭南无雪，而此时田野间一望皆白，颇有雪趣，亦奇景也。［见《南村草堂笔记（外四种）》，广东人民出版社，2023年版］

讲萝卜干而及于"雪趣"，广州人对于雪的情结——广州人对雪的"意淫"心理——可谓毕见于此了。

（此文写作时得到沈胜衣、孔繁文、周松芳诸君的帮助，特此鸣谢！）

但传食谱在京师

——谭家菜与清季民初的岭南书事和食事

周松芳

笔者曾在《民国味道》一书中提出，“食在广州”得名于晚清民初，在其发展过程中，北京谭瑑青的谭家菜和广州江孔殷的太史菜居功至伟，因为任何一个菜系的发展，“头部”的带动作用是很重要的，比如谭延闿的谭府菜之于湘菜，黄敬临的姑姑筵之于川菜等。谭家菜由于地处京城，名流汇集，故最受瞩目，有“戏界无腔不学谭（鑫培），食界无口不夸谭（家菜）”之传。

但我们必须知道，谭家本是广州著名的文化世家，而从饮食文化史的角度，饮食与文化不可分离，“官家定其品，文家扬其名，厨家精其艺，商家助其势”，谭家菜之产生与传扬，不仅是岭南饮食史的重要一节，也堪称岭南文化史的逸事名篇。

富过三世而知味

谭瑑青祖父谭莹任广东最高学府学海堂学长达三十余年，兼粤秀、越华、端溪等书院院监数十年，堪称岭南一代文宗，咸丰九年（1859）被赏赐内阁中书衔，助有当时世界首富之称的好友伍崇曜编刊《岭南遗书》《粤十三家集》《楚庭耆旧遗诗》《粤雅堂丛书》等二千余卷，至今嘉惠学林。他认为“天下莫秽于聚财，莫雅于聚书”，藏书极富，多达二十余万卷，有“广东书柜”之雅称。传世著述主要有《乐志堂诗集》《乐志堂文集》共三十二卷。谭瑑青父亲谭宗浚，是岭南一代大儒陈澧门生，同治十三年（1874）二十七岁时即中榜眼，授翰林院编修，加侍读衔。“才学淹博，名满都下。”张之洞为之倾倒：“执事家学渊源，文章渊雅，海内曾有几人。”（《张文襄公全集·书札一》）曾督学四川，充江南乡试副考官，以得人为著。传有《荔村草堂诗钞》。谭瑑青优贡出身，清季任邮传部员外郎，随使意大利；辛亥后当议员，当财政总长李思浩机要秘书、平绥铁路局专门委员、电政监督、交通部参事等，俱系优渥肥缺。（周松芳《容庚的北平食事及谭瑑青史事考略》，载《粤菜北渐记》，东方出版中心，2022年版）“富过三代始知味”，那谭瑑青讲究起吃来，当然非同凡响，更何况当时粤菜已有名于外，更有名于京。比如李文田和张荫桓家里的粤菜，就令官至军机大臣的帝师翁同龢倾倒备至：

1865年10月30日：偕濒石同赴仙城馆（广东会馆也，在王皮胡同），李若农招食鱼生，待许仁山、潘伯英、许涑文，良久始至，同坐者孙子寿，又广东人冯仲鱼、王明生也。鱼生味甚美，为平生所未尝。

1866年11月9日：出赴李若农招，食鱼生，饮微醺。

1890年11月13日：赴李若农招，吃鱼生甚妙，余肴精美。

1890年12月13日：过张樵野吃鱼生粥。

1892年11月10日：巳正赴张樵野之招，同坐者钱子密、徐小云、孙燮臣、徐颂阁、廖仲山与余六，食鱼生极美，晚更进精食，剧谈，坐卧随意，抵暮始散。（《翁同龢日记》，中西书局，2012年版）

翁同龢上门就食之余，还时不时借李文田的厨师一用，以款嘉宾，尤彰“食在广州”未盛之名：

1866年9月26日：夜招宋伟度、潘伯寅、张午桥、张香涛、李若农饮，借若农斋并其庖人。

1891年2月13日：约孙兄及南斋诸公饭，余作东，若农办，未初二散。（《翁同龢日记》，中西书局，2012年版）

谭瑑青比这些前辈历代积下的饮食遗产更丰富，自己也有条件，那讲究吃喝，不负“食在广州”，宜也。须知戊戌变法后张荫桓被赐死于新疆，李文田则身后萧条。因此，论吃喝的讲究，也还真不如这个同乡后辈呢。

但传食谱不传书

谭家菜初起，原本是学术文艺界小圈子内的事：

谭菜驰名京都，达四十余年，其始为光绪末年，谭氏每邀文学友好，作诗词画，每周一会，会必聚餐，每餐必由谭氏躬自动手，或指导夫人治佳肴以飨客，初谭氏以词林友好，借地诗会，以其主精于烹调，而又好客，遂成诗人雅士集会之所，事变前，门禁尚严，非词林之士，盖（概）不招待。（《“谭家菜”主人与世永诀》，南京《京报》，1943年6月10日第4版）

经济不继时，则辅以“AA制”饭局——鱼翅会，曾请学界的同乡大佬陈垣帮忙：

援庵先生：久违清诲，曷胜驰仰。傅沅叔、沈羹梅诸君发起鱼翅会，每月一次，在敝寓举行。尚缺会员一人，羹梅谓我公已允入会，弟未敢深信，用特专函奉商，是否已得同意，即乞迅赐示复。会员名单及会中简章另纸抄上，请察阅。专此，敬颂著安。祖任再拜。（一九二七年）一月二日。

会员名单：杨荫北，曹理斋，傅沅叔，沈羹梅，张庾楼，涂子厚，周养庵，张重威，袁理生，赵元方，谭瑑青。

并申明："定每月中旬第一次星期三举行。会费每次四元，不到亦要交款（派代表者听）。以齿序轮流值会（所有通知及收款，均由值会办理）。"（陈智超《陈垣来往书信集》，上海古籍出版社，1990年版）

唐鲁孙也说：

到了民国十七八年，谭瑑青玩日偈月、花光酒气的生活再也支撑不住，于是把西单牌楼机织卫住宅，布置了两间雅室，由其如夫人亲主庖厨。名义是家厨别宴，把易牙难传的美味公诸同好，其实借此沾润，贴补点生活费倒是真的。（唐鲁孙《令人难忘的谭家菜》，载《天下味》，广西师范大学出版社，2004年版）

谭家菜在被动赢得士林声名的同时，也曾倩人主动鼓吹过，如请辅仁大学郭家声教授1937年冬为作《谭馔歌》刊于报章："瑑翁饷我以嘉馔，要我更作谭馔歌。"歌中特别揭示了谭家菜与传统广州菜颇异处，即不用所谓的鳖蛇之类异味："既不必脍四海鳞，亦无庸臛江东鼍。常品维时即珍错，取则不远侔伐柯。或取腴菜冒山肤，或成美鲊烹水梭。公膳取给需双鸡，君羹可尝却三蛇。"因为"口之于味有同嗜，熟荤况传从羲娥"，大概也是谭家菜备受欢迎的原因之一——一用异物，即有人忌讳，甚至有伤品味，并且大举故都他家食单以为说明：

故都食单我所熟，述之欲涎如溢沱。潘鱼韩肘刘豆腐，旧馆风味推两和（半截胡同广和居，西四牌楼同和居）。城南汤羊氏以李（崇文门外兴隆街），味与青梅居殊科（前门大街）。城西砂锅善煮肉（西四牌楼街南和顺居），或袭东坡遗制多。只些常馔号独秀，何假胹熊与餤驼。自余亦各成馨逸，卌年属餍恒经过。

当然更指出了谭家菜与诸不同之处：“唯君本是和羹手，盐梅小试吁□□。三世名门食旧德，腴经酢史诗工哦。”因此弥足珍贵：“莫作化书易食谱，今夕维宴休蹉跎。”（《谭馔歌，用昌黎石鼓歌韵，郭家声丁丑冬作》，《益世报》，1938年3月29日第5版）如此，“但传食谱在京师”，也就是情理之中的事了。

谭瑑青之所以请郭家声鼓吹，以郭氏颇有名于时。谭氏之所以倩人鼓吹，大约也是生活实在支持不下去，需要对外“营业”了：

廿八年，西太平街房出售，乃迁居宣南米市胡同十九号现寓，继者大开方便之门，加以主人多病，遂不出户门执行亲友，一任管家经理事务，现以来者日众，每夕二三桌同开，车马盈门，权贵并市会齐集，诗人雅士，乃裹足不前。（《“谭家菜”主人与世永诀》，南京《京报》，1943年6月1日）

谭氏在时，不仅美酒佳肴，书画珍玩，赏鉴交易均得其宜。如容庚1938年2月4日日记：“八时进城，逛厂甸。五时至谭宅，参观书画展览会并聚餐。”12日又记：“拟以五十元购其刘石庵手卷。”1939年2月23日则记曰：“在谭宅聚餐。余以《黄牧甫印谱》易得金和《来云阁诗》。”1941年4月1日，更赠以“冯敏昌对联一副”以为回报。不仅容庚有此类记录，邓之诚也曾委托谭氏代为交易：1933年“7月9日，晨入城访谭瑑青，托卖太平砚及来凤砚”“8月21日，晨入城，诣谭瑑青、尹石公、梁忍庵处谢步。以玉林玉师篦子托瑑青出手”。（夏和顺整理《容庚北平日记》，中华书局，2019年版）凡此，虽不废于风雅，仍有欠于诗书，是以也常蒙招待的同乡好友伦明，就没有吃人嘴短像郭家声那样表彰他，而是在《辛亥以来藏书纪事诗·谭莹，附：子宗浚，孙祖任》中暗含批评：

玉生俪体荔村诗，最后谭三擅小词。
家有籯金懒收拾，但传食谱在京师。

为什么批评？因为谭家“多藏书，其广州西关旧宅所藏，多被人窃卖，坊间流出，钤南海谭氏藏书印者所在有之”。老家守不住也算了，两个儿子身边的书都守不住，还有主动弃之的嫌疑：“瑑青兄某官湖北，携书数十簏，弃之芜湖广州会馆”，这对于读书人来说，简直是“是可忍，孰不可忍”。谭瑑青则更过分，干出了捡芝麻丢西瓜的事来：

瑑青喜书画，善鉴别，惟于书不甚珍惜，尝觅某书店代为整理，某书店利其售也，凡全者分而散之，诡称残缺。既而瑑青无后命，遂弃破屋中。逾年，某画店以百金得之。画店本不识书，一转移间，所赢已逾千金矣。

如此，谭瑑青虽有馔名于时，但在伦明看来，也颇损于瑑名了：“瑑青有老姬，善作馔，友好宴客，多倩代庖，一筵之费，以四十金为度，名大著于故都。”（《辛亥以来藏书纪事诗》，北京燕山出版社，2008年版）

陈氏法乳在诗酒

唐鲁孙说，谭家菜的形成，与陈家菜颇有渊源：一方面谭家先罗致了曾为直隶总督、北洋大臣杨士骧家厨的淮扬菜名家陶三以为己用，其间谭瑑青爱姬赵荔凤偷师学艺初成；另一方面谭瑑青家姐谭祖佩嫁与岭南大儒陈澧之孙陈公睦，陈公睦也以鼎食之家而精割烹之道，而实践者则非谭祖佩莫属。谭瑑青便携如夫人（赵荔凤）带艺投师家姐，以淮扬之底，并传岭南陈氏法乳，去其浓腴，易为清醇而集大成，一鸣惊人，成就谭家菜盛誉。（《令人难忘的谭家菜》，载《天下味》，广西师范大学出版社，2004年版）这种说法，其实颇不靠谱。须知谭家已富过三代，怎要靠一个淮扬菜师傅来打底子，然后还要去家境优渥程度并不如己的陈家偷师学艺才有所成?

客观上说，陈家是称不上钟鸣鼎食的。陈澧虽是一代大儒，并娶了十三行大行商潘有度的女儿，但毕竟功名不高，官职卑微，只做了几个月的河源训导，即辞归；尽管三十一岁即补学海堂学长，仍须屡屡为人作馆，如1854年四十五岁时，馆于南海县署，1860年五十一岁时还跑到东莞主讲龙溪书院，其饮食不能奢华是可以想见的。陈澧的四个儿子，功名事业也是一般，只老二“宗侃江苏赈捐奖叙，加五品顶戴衔”。八个孙子中，居京的两个，功名也不高：陈庆龢副贡出身，后奖内阁中书、安徽知府，1911年充驻檀香山领事官；陈庆佑是通过安徽赈捐才获奖国子监典簿衔、云南知府，1911年改学部员外郎，后充清史馆协修。（《陈氏家谱》，载黄国声主编《陈澧集》第六册，上海古籍出版社，2008年版）

因此，我们对陈澧的生平行实和生活态度略加考察，即可知即使有所谓的“陈氏法乳”，也应该是其诗酒生活。道光二十四年八月十一日（1844年9月22日），三十五岁的陈澧下第甫归抵里门，即答梁廷枏慰问来书云：“此行原不敢望巍科鼎甲，第以十年奔走，窃冀挑得一官，而此时县令殊不易为，不若广冷官，转可痛饮高歌之乐。今竟得之，复何所恋而不为归计乎？”（汪宗衍《陈东塾先生年谱》，《岭南学报》，1935年第4卷第1期）这正是他后来的生活，并每每赋诗以言此志，以纪此感。道光二十六年（1846）所作《读书饮酒醉后得诗五首》之四最见此情：

饮酒本销愁，醉后愁茫茫。偻指古今事，翻覆已千场。来日当大难，聊复倾一觞。欲语不得语，屈屈九回肠。熙熙登春台，不知雪与霜。无病苦呻吟，得毋嗤我狂？

陈澧学入经史之后，不复萦怀吟咏，却每每醉酒高歌，大不类一代儒宗。其实联想到明代心学的开创者新会陈献章，满纸酒气，也不为过，然略略采出，俾一睹当年岭南学界书界诗酒气象，也实在是极饶意味的事。有同饮共醉，如《闰中秋同张南山先生金醴香杜洛川珠江看月》曰：“中秋两度百年期，莫负今宵共酒卮……一醉何须更惆怅，咸丰景象似康熙。”《木棉花开邀南山先生章冉冉玉生青皋芑堂研卿诸君集学海堂》亦曰：“战后山余芳草碧，春来花似酒颜丹……难得故林无恙在，莫辞沉醉共凭栏。”有独酌求醉，如《十一月二日雪后登学海堂梅花已作蓓蕾独酌至醉率赋二首》曰：“强寻高磴资筇竹，笑拣横枝挂酒瓢。谁料先生犹健在，白须与雪共飘萧。”有偕月相醉，如《七月十五夜偕汪芙生南园看月》：“诗人与明月，同我到南园……更约中秋夜，还来共一尊。”《中秋夜粤秀山看月》：“薄暮登山堂，酌酒待明月。”陈澧

更擅词，其在词中倾酒言梦，更不胜枚举。（《陈东塾先生遗诗》，黄国声主编《陈澧集》第一册，上海古籍出版社，2008年版）

而在《默记》中，于酒色财气，毫不避讳，和盘托出，最见本色：

于嗜欲之事，如镜中花，如饮食得美味，亦甘之而绝不饬庖厨，此其一端也。

空斋萧然，一点灯，一杯酒，一卷书，窗外有微月在黑云际。家人皆睡，独衰翁与古人相对耳。

每读书至夜半，饮酒下之，而酒冷灯昏，心光炯然，上下千年，无人可谈，乃叹曰：可谈者，惟酒意耳。

吾今有一师五友：书，师也；朱、墨、灯、酒、书案，友也。

明儒（查某人，偶忘之）有晚年专讲酒色财气之过者，此真切实之语。酒过吾近来无之，色财气之过犹有之，必一讲绝了乃佳，而色字尤甚，尤当痛绝之。正月晦日四鼓书。老则气衰，必宜绝色字。（黄国声主编《陈澧集》第二册，上海古籍出版社，2008年版）

散书聚书继诗酒

陈家后世不振，藏书早早散出，伦明先生大感痛心：

群书手校墨淋漓，百册残余署学思。犹胜廖君三礼表，鼠伤虫蚀听顽儿。

注曰：

陈东塾先生澧，所藏书迩年尽散出，多为徐信符所得。先生阅书至博，每书皆有校记。尝见《学思录》百余册，皆是先生手迹，即是《读书记》之底稿也……先生入室弟子廖泽群编修廷相，著《三礼表》，藏于家。其子伯鲁，秘不肯示人。有欲代刊者，并坚谢之。不知其居何心也。

广州散出犹可怜，北京散出尤可恨，毕竟俩孙是官人：

机云入洛擅才华，阿弟中年掩浅沙。打鼓担头论斤去，千金享帚独些些。

注曰：

番禺陈公睦庆龢，及其弟公辅庆佑，东塾先生孙也。工词章，同官京师。公辅早殁，其孤不肖，以所遗书尽售于打鼓贩，得值极贱。书数百册，皆有东塾手迹，及东塾未刊文稿。（《辛亥以来藏书纪事诗》，北京燕山出版社，2008年版）

一代大儒，诗书散尽，殊堪怜也。却有曾孙陈之迈，留洋归来，以西学显，颇堪玩味。

好在有散书者，也有聚书者，散聚之间，文化承传。前贤所散之书，多有归于南海孔氏，只是不久又复散出：

五年访古百登楼，不汝瑕疵任取求。剩炙残羹搬拾净，名存惟赖北堂钞。

注曰：

南海孔少唐广陶，居广州城南关，藏书处曰三十三万卷楼。光绪戊申（1908）后，书已散出。余方归自桂林，四五年间，月必数登其楼。菁华渐尽，剩者惟巨帙及习见本而已。岁壬子，尽归康长素。所刻书，惟《北堂书钞》有功艺林……欲求不朽者，莫如刻布古书；但刻书必须不惜重费，延聘通人，甄择秘籍，详校精雕，其书终古不废，则刻书之人，终古不泯云云。吾粤若伍、潘二氏及少唐，并足当之矣。

其散出之由，或因孔少唐子孔昭鋆有如谭瑑青，于藏书不甚措意，于饮食却更钟情吧。伦明有咏：

珍本分来岳雪遗，南园觞咏可胜思。他家玉貌惊初见，却是悲秋含怨时。

注曰：

少唐次子季修孝唐昭鋆，出嗣别房，遗产数十万，岳雪楼书未散时，先取其佳本以归。有南园别业，饶花木之能，余尝觞咏于此者数矣。不数年，家亦骤落，季修郁郁死。南园易主为酒家。岁戊午，余在广州麦栏街邱某家，见宋椠王右丞、孟浩然、韦苏州诸集，旧抄《宋二十家文集》，毕秋帆、钱竹汀诸家校《资治通鉴》等书，并宋拓兰亭书画多种，皆孔氏抵债物，转数主而至邱也，为怃然久之。（《辛亥以来藏书纪事诗》，北京燕山出版社，2008年版）

这南园别业，也就是当年粤地顶级名流聚饮的烟浒楼，而今最佳的见证，当是名声远在太史江孔殷之上的梁鼎芬。梁鼎芬是晚清四大清流之一，也是后来著名的遗老，作为广东籍的京官，也像他的前乡贤李文田、张荫桓一样精于饮食。唐鲁孙就说梁太史家的田鸡可比江太史家的要好：“梁太史鼎芬好啖是出了名的，他有一味拿手菜‘太史田鸡’传授给广州惠爱街玉醪春，那家有三五座头的小吃馆居然在几年之间变成雕梁粉壁的大酒楼。”（唐鲁孙《炉肉和乳猪》，载《大杂烩》，广西师范大学出版社，2007年版）还说他家的烤乳猪，后来也成食肆秘珍：“广州黄黎巷有一家莫记小馆，他知道梁太史家烤乳猪，所用酱色跟蒜蓉都有特别不传之秘”，而这家店老板莫友竹原本是风雅人，遂“用家藏紫朱八宝印泥一大盒”，把梁太史这套手艺秘方学来，此就以烤乳猪驰名羊城，而生意鼎盛。再从新发现的一通梁鼎芬致晚清重臣端方的函件［六弟迎养伯太夫人于信阳州署，谨备茶二箱、荷兰水二十四瓶，为车中之用，又粤食二种致上午餐，（烧鹅是粤法，请尝之），大人台下属吏鼎芬谨禀，六月五日］看，至今作为粤菜代表菜式之一的烧鹅，在晚清时就已经是很出得台面的粤菜代表之作了。

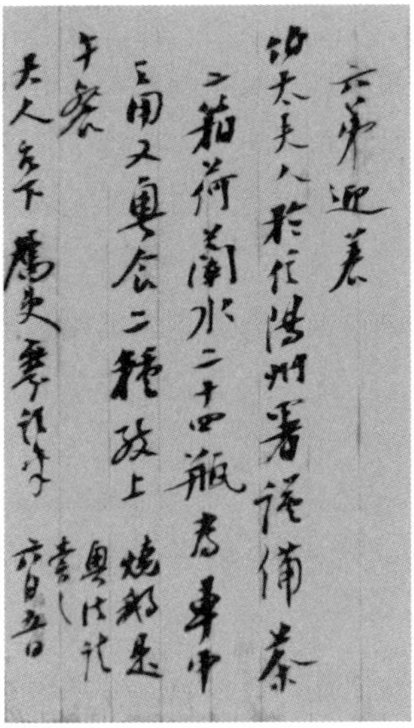

梁鼎芬致端方手札，陶贤果收藏

当然，更重要的是1911年，梁鼎芬重开南园诗社，与同人聚饮孔园也即南园烟浒楼，宴饮之余，详言饮馔用料品种及四时食具要旨，留下了手稿《能秀精庐饮食宴乐精义》，堪称早期粤菜最经典的文献，也是岭南书事与食事的最精彩篇章：

四鲜果　皆坚大香洁，勿切，以好瓷拌盛之。

二常有　如此时荔支是也，挑选精细，颗颗员匀，万人皆有，而我独绝，凡事应如此。

二新出　如桃（自注：尖嘴）藕（自注：纯白）之属。

此是法筵龙象，第一义主人最宜留心。

八围碟　夏六素二荤，冬六荤二素，春秋各半，姑如此说，不拘菜品，多不胜条。（自注：三字顾注汉书屡用之）

江海三十年，所赴酒处，围碟以缪小山为第一，未见其偶，佳处约略言之，有画趣，有书卷味，有山野气，有花草香，所以叹绝也。

禁用火腿　座中有李留庵丈用之，以其嗜也。但此是枯窘题，用法选宣威金华两处精者，以好绍酒炖之成块而融，勿烂，片如客数，人赋其一，顷刻可尽。此物能完，主人声光满四座矣。

围碟皆用好瓷，主人无之，则借或公地则凑分购之。

鱼翅　夏宜清炖，用红绿碗，冬宜红烧，用素碗。红易清难，主人自知庖人本领如不甚高，夏用红亦取其易稳。

先一日选材，要多要精，语云贵精不贵多，此非所论于鱼翅也。不精可也，精而不多，不可也。何也，不精者不食之而已，精而不多，典采酣畅，忽然而止，辟之甫觌佳人，环珮之声已远，同游芳院，花草之气不长，其为惆怅当复何如。

此物若具威凤祥麟之壮概，座客必有渴蛟饥虎之奇能。（自注：孔园此物精矣，惜不多也。）

全用大碗　式色不同乃佳，此亦可集公分存孔园。

禁用中碗　大约座客六人以上，中碗每人两羹便尽，第三羹必空回，孔园前日光景如此。一鸣先生所云明漪绝底似之，小碗更不必说。

菜品多不胜条，姑举二三。

山瑞水鱼（自注：美品）　清红因鱼翅，彼清此红，彼红此清，此办事刚柔赋诗浓淡之法，主人不食则勿用。

鱼唇（自注：美品）　办法如上，夏饮择一足矣，冬天可并用。

鱼肚（自注：美品）　冬夏皆宜，吾乡第一等菜。

鲜莲子蟹羹或虾红、鲜莲（自注：售品），不嫌重用多用。

鲜菱角好冬菰鲜竹茹　三物皆精于夏，宜择用或全用。

鸭掌（自注：鹅喉天梯）　此物平平，惟病翁最嗜，请以待留庵丈火腿之例，以待节庵，顿顿食之不厌，如杜老之黄鱼也。鄂食罕得，有之亦四五双耳。

素菜　用极好鸡汤，菜全吸入，无汁，此于侍郎第一本好菜也。精大瓷拌，此件应备用处多。

太清空恐不得饱，应用实笔（自注：红烧）一二处，主人工画，如何布置，不待病翁饶舌。

禁用烧乳猪　鄂筵终年无此，偶一遇之必不佳，孔园所食，妙妙。

此件有官气，又费必不用。若必用之，待梅花三九时如何。

酒　主人先一日自己料理，又亲尝之，此为此日之命脉，酒器要精雅，要多。

主人好酒，以所藏飨客或无之，取之好酒之友，市沽已是下策。如不佳，先罚主人劣酒十大杯，不胜者再罚一回作主人。

茶　人人知酒之要，不知茶与酒同，料理法如酒，器如酒，几上设一茶壶，旁数好瓷杯，醉客自斟。

又各设一盖杯，揭开水清无埃，茶浮小枪，见之心开，是日必大乐，孔园龙井佳。

窗前几上，随意设花一二瓶，瓜果数种，阑干外设数盆，盛井水洗手。

点心　此如词家之词眼，八股家之题珠，勿以其小而忽之。

咸　不胜条，粉裹上上，卢家至精，孔家相埒，烟浒楼曾食两回，不堪回首矣。

甜　不胜条，西瓜糕上上，粤红瓜颇劣，然颜色鲜润，以之制糕，盛一白瓷柈，陆士衡所谓雅艳也。

二种汤皆禁用小碗。

饭菜　豆腐汤　大碗。肉片、草菰、虾子皆可用。

四饭菜　七寸碟，勿用五寸。青菜咸鱼，炒鸡蛋，此一品不拘。

加两素汤　瓜专品。藕、笋、菜干，择一。

禁用四压席菜　佥云此如今日之候补道也，候补道最为人憎厌。今推之于此菜，可谓不幸矣。然众议如此，无人助之，放翁诗万事不如公论久，信然信然。

饭　色白而软。

粥　清而香，粥碗大于饭碗，夏兼用绿豆，另一碗。（吴天任《梁鼎芬年谱》，广东人民出版社，2018年版）

对这份精义，自诩岭南饮食第一人的江孔殷也欣然题诗并序，具道此《精义》之精义，并道梁氏及时贤饮食诸多逸事：

能秀精庐饮食宴乐精义，为禺山梁文忠手笔，朋尊酒垒中，时闻一二，辄以未窥全豹为憾。冯祝万将军于无意中得之，出以相示，笔墨精妙，议论豪恣，足见病翁未病时掀髯疾书神采，洵生平得意之作也，为题五绝句，跋以归之。

东坡去后北江出，夏令瓜蔬食谱添。

赤硂寓公题跋过，一年香瓣接梁髯。（自注：去冬曾为香江蔡哲夫题洪北江夏令食单）

宣南会葬南皮日，风雨圆通丈室床。

无复櫜饘于晦若，午桥黄米亦沧桑。（自注：余己酉秋奉召赴京，节老亦因会葬张南皮，先后入都，同居南横街圆通观中，于晦若侍郎间日必乘人力车櫜鱼翅至，端午桥制府以陵差来京，亦自黄米胡同来会食，黄垆旧侣，至今都尽，思之惘然）

梁格庄头忆荔支，草堂归啖已无期。

渴蛟饥虎情如绘，想见兰斋会食时。（自注：节老南归，月中必数过兰斋，北行时，属草堂同人多种荔）

谪宦一生惟玉糁，诗人每食必黄鱼。

数篇能秀精庐字，抵读何曾一部书。

文章一代批鳞目，头翅由来尽属君。（自注：节老生平最嗜鱼翅及烧鱼头）

能说风流前辈事，贞元除我恐无人。［丁卯（1927）中秋后五日，南海江孔殷识于小百二兰斋］（吴天任《梁鼎芬年谱》，广东人民出版社，2018年版）

至于叶恭绰的题诗，则更见出其文化精神意义：

一编餔啜见风流，知汝清馋不可收。醉饱未应成过失，饥驱浑遣足冥搜。烹鲜老合甘乡味，食肉心终与国谋。回首堆盘怜苜蓿，可堪重忆旧矶头。（奉题梁节丈饮食宴乐精义手稿。祝万道兄以此册属题，审为宣统年所书，想见侘傺忧劳之余，以此自遣，如东坡之过岭，非真惟酒食是议也。然丈之高谈大睨，饮啖兼人之概，跃然纸上，耆英真率，雅集成图，亦乡邦一重故实矣。余与丈三世论交，不但文章风节，望尘莫及，即食事亦无能为役。曩承招讲学武昌，丈恒以余食少为虑，盖其时余虽未素食，然所进甚菲恶，又素不能饮酒，每共食，丈辄为蹙额也。今忽忽将四十年，思之惘惘。民国三十年夏日叶恭绰。）（吴天任《梁鼎芬年谱》，广东人民出版社，2018年版）

其实梁鼎芬的诗酒人生，嗜酒使气，较之乃师陈澧，有过之而无不及，大约其敢于指斥权贵，成为四大清流之一，与此不无关系吧。如其《初夏》诗曰："有怀千日醉，随分百年过。莫上高台望，黄尘扑面多。"《酒楼二绝句》之二更见此种精神："灌夫骂坐亦何为，别有幽怀泫酒卮。燕子桃花都过尽，禅心却被晚风吹。"而据陈永正先生校记此诗异文："新来嗜酒不哦诗，日日江头醉一时。燕子桃花都过尽，禅心却被晚风吹。"（陈永正《梁鼎芬诗词笺校》，广东人民出版社，2023年版）那真是酒在诗之上了。

然而，梁太史食事美名流传，书事却是堪伤。如伦明咏《梁思孝》：

小人女子败而家，葛帔西华境可嗟。痴绝买珠还椟事，无书何用保书架。

注曰：

梁按察（鼎芬）子思孝，性谨而痴。按察素主满汉通婚，娶满官侄女为子妇。女与其母兄俱吸鸦片，母兄乏，则移家就女，倾产不足以供（以下脱二字）。按察有仆史某，殁后，其妾倚用之。史乘间窃书，久之事破，其戚崔介其余书归余，佳本略尽矣。按察每得书必自写书名卷数刻于木夹上，字秀劲，售书时，其子以木夹有先人手迹，留之，余争不能得，然弃置不复问，厨妇旋杂薪炭摧烧矣。（《辛亥以来藏书纪事诗》，北京燕山出版社，2008年版）

好在岭南书事，晚传佳话。先有莫伯骥：

君堪继起孔兼丁，我似相逢尹避邪。廿万卷书非幸致，后身应是范东明。

注曰：

同邑莫天一伯骥，与余少相习。睽隔垂二十年，岁乙丑，阅粤报，见君论著，始通函商榷，自是往复不绝。君于是时，已从事聚书。又四年，余南旋，得观其所藏。此后三四年间，君识益精，气益雄，所得至四十万卷，挥斥至二十余万金，亦豪矣哉。自南海利氏、丰顺丁氏，相继陵替后，继起之责，舍君谁属？（《辛亥以来藏书纪事诗》，北京燕山出版社，2008年版）

后有李文田的孙子李棪：

读书种子故家风，年少英声郑小同。触眼壁书楼额在，故人绝笔合纱笼。

注曰：

侍郎孙名棪字劲菴，天资聪颖，治学有门径。故友黄晦闻，手书壁书楼三字以赠，在未殁前数日，盖绝笔也。侍郎身为显宦，家多藏禁毁书，岂有所待耶？晦闻之意深矣。（《辛亥以来藏书纪事诗》，北京燕山出版社，2008年版）

但是，正是这李棪，后来在“书事”上大有辜负伦明——伦明一直想编印一部《续岭南遗书》，相信李棪的关系能力，将自己所藏的全部粤人著作秘籍授其编印。后来李棪去香港，后又去英国，不仅丛书未能编成，藏书亦不知去向。（王余光、郑丽芬《伦明生平》代序，载《伦明全集》，广东人民出版社，2012年版）

最后想要说一说的是，似乎伦明一生钟情书事不及食事？非也，毕竟是东莞人，而且是吃过谭家菜的人，怎么会不关心食事呢？今检《伦明集》的开篇，1919年所作的《广州杂诗》里边就大写广州饮食盛况，略引两章以为本文之结尾，最是相宜：

相携更上一层楼，与客谈心借茗瓯。良夜清风无价买，更听弦索啭珠喉。（品茶之楼随处皆有。房座清雅，食馔精美。暑天设电风扇，夜间则招歌姬弹唱以娱客。）

步出西关问酒家，万钱下箸未称奢。嘉宾不及庖丁贵，惊见乘轩宠易牙。（厨人唐某以善烹鱼翅得名，高在街边口贵联陞司庖，继兼□□□、王醪春及城外谟觞馆，作天一酒楼等处。日乘籐轿奔走数家，月得资数百金。）

岭南人槟榔嗜好的衰微
——管窥鸦片战争和太平天国运动对中国传统贸易格局的颠覆

曹　雨

广东省城及周边区域，曾是中国槟榔文化的中心，却突然在19世纪末的几十年间迅速移风易俗，除了在婚俗中尚有些许残影外，在日常生活中几乎不再能够见到槟榔的踪迹。这种改变的背后实质上是中国传统贸易格局在外部压力（鸦片战争）和内部破坏（太平天国战争）双重打击下的彻底崩溃，槟榔作为中国众多传统贸易品中的一件，是时代巨变的一个小小缩影。

自宋代以来，直到清末，中国嚼食槟榔的区域一直是比较稳定的。在清代大部分时间里，槟榔流行区域大致为今台湾、福建、广东、海南、广西、云南。此外，在南方的主要商业都会里，如南京、长沙、武汉，一些商人也有嚼食槟榔的习惯；在北方，基本上只限于旗人偶尔嚼食槟榔。

到了19世纪末20世纪初，伴随着清朝的覆亡和中国社会的剧烈变革，槟榔的嚼食区域发生了很大的变化。北方嚼食槟榔的习惯基本上随着旗人贵族这一社会阶层的解体而完全消失。江南地区有嚼食槟榔习惯的地区也出现了严重的萎缩，到了20世纪中期时只剩下了湘潭附近的一小块地方。广东、福建这两处最早流行嚼食槟榔的地方，到了20世纪中期，基本上已经难觅嚼食槟榔习惯的影踪，只剩下海南岛和台湾岛两处槟榔的产地仍然有嚼食槟榔的习惯。至此，中国当代的嚼食槟榔区域即已形成，即海南岛和台湾岛两处槟榔产地，以及湖南湘潭。

19世纪末20世纪初发生的槟榔嚼食区域的变化，其成因是非常复杂且多方面的，它所发生的时代背景，是清末民初的中国社会、经济、文化、政治的大变革。从社会方面来说，中国从传统的农业社会渐渐走向现代商业社会，这种变化在沿海地区发生得尤为剧烈，使得广东和福建发生了剧烈的社会动荡，从而动摇了槟榔嚼食习俗依存的社会基础。从经济方面来说，中国传统的内河商业模式渐渐让位于洋行买办商业模式，这种变化使得槟榔的传统营销通路受到极大冲击。从文化方面来说，中国人在清末民初时对本土的文化风俗产生了极大的怀疑和不自信，认为包括嚼食槟榔在内的许多传统习惯是落后的，从而积极地移风易俗，迎接西方文化。从政治方面来说，辛亥革命以后，旗人贵族的铁饭碗被砸掉，使得北方的槟榔需求一落千丈，再也难以支撑起北方槟榔消费的格局。

清代嚼食槟榔习俗的分布状况可见于各地方志记载，雍正《云南通志》，雍正《广西通志》，雍正《浙江通志》，乾隆《福州府志》，乾隆《梧州府志》，乾隆《腾越州志》，乾隆《潮州府志》，道光《肇庆府志》，道光《广东通志》，同治《韶州府志》，光绪《香山县志》，光绪《广州府志》，光绪《湘潭县志》，光绪《湖南通志》，以上地方志皆有嚼食槟榔记载。

总的来说，嚼食槟榔习俗在清末发生了重大的变化，这种变化在第二次鸦片战争和太平天国战争（分别结束于1860年和1864年）之后的19世纪下半叶尤为明显。这种变化可分为“此消”与“彼长”，“此消”是指闽粤的嚼食槟榔习俗退去，而“彼长”是指湖南湘潭的嚼食槟榔习俗兴起。另外，清朝覆亡以后，北方旗人嚼食槟榔的习俗也迅速消散。北方的变化主要是由于清朝政权的覆亡。

首先来看闽粤嚼食槟榔习俗的逐渐消失，这一变化主要发生在1860年至1920年之间。

当今闽粤嚼食槟榔的习俗已经几乎绝迹，其原因笔者归纳为三点：鸦片战争带来的贸易格局的变化、一般民众的赤贫化、民国初年的移风易俗。

我们首先要明确的是，闽粤两地嚼食的槟榔相当大的一部分不是新鲜的槟榔，而是经过处理的，耐储存的干槟榔、咸槟榔之类。清末时，福建的槟榔主要来自台湾，而广东的槟榔主要来自海南。福建槟榔的来源在清中期发生过一次变化，原本福建的槟榔是来自海南与吕宋（今菲律宾北部），后来经过清中期对台湾的垦殖和开发以后，台湾成为福建槟榔的主要来源。广东的槟榔主要来自海南，也有少部分来自东南亚各地。海南自唐代以来一直是中国槟榔的主要产地，除了福建、台湾以外的中国其他地方的槟榔，基本上都来自海南。清代，海南槟榔输入内地的路径也比较单一，基本上都是以海船运抵广东各处口岸，经粤海关稽查征税以后，再发往各地。粤海关对于槟榔的分类，分为榔青、榔咸、榔干、榔玉四种。榔青是新鲜槟榔，榔咸是盐渍槟榔，榔干是干燥槟榔，榔玉是槟榔芯。榔青、榔咸主要用于嚼食，榔干药用嚼食皆可，榔玉一般作药用。粤海关对于槟榔的计量和收税是以三百斤作一篑（音垄，箱笼意），每篑收关税在二十文上下（见《粤海关志·卷十三》，清道光广东刻本），各口岸略有不同。根据《粤海关志》的记载，除北海、徐闻、吴川、高州、阳江这几处离海南较近的口岸有输入榔青以外，其余口岸皆以榔咸、榔干、榔玉为主。

清末广东的鸦片贸易导致了中国对英国贸易从出超到入超的逆转，也导致了广东商民的巨大经济损失。从1830年开始，英商输入中国的货物，鸦片占一半价值以上，每年外流银元七八百万元。大量白银的流出导致国内贸易通货减少，造成了国内贸易萎靡不振、对外贸易畸形膨胀的后果。在19世纪初的广州，一两白银约换制钱1000文，到了1839年，一两白银可换制钱1678文（见蒋祖缘、方志钦《简明广东史》，广东人民出版社，1987年版）。白银一般用于大额贸易，而铜钱则是一般小额市面交易所用，这样就导致了国内消费品价格的上涨和国内商品交易价值的下跌。从下面的简略贸易图中我们可以一窥以槟榔为例的国内贸易受损情况：

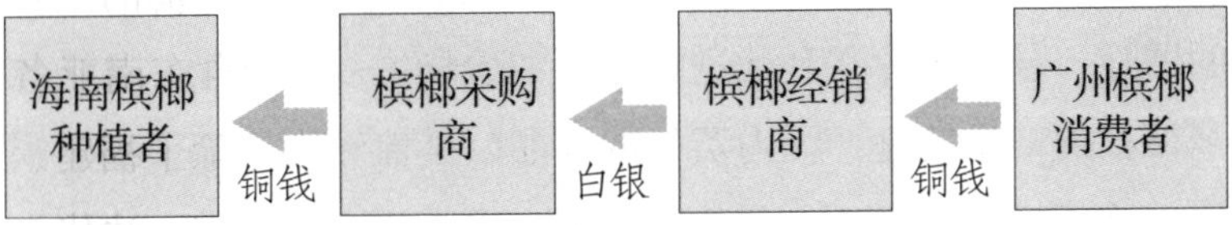

槟榔国内贸易白银/铜钱双通货流通示意图

槟榔种植者出售槟榔获得铜钱，那么在铜钱日渐贬值的情况下，他获得的价值是日益减少的。槟榔采购商向槟榔经销商大量出售槟榔，以白银为结算单位，由于白银价值提高，他获得的白银也是减少的，且由于广州是对外贸易口岸，白银的流出地，白银价值比其他地方更高，他会选择在广州兑换铜钱，这样白银就会进一步向广州集中。广州的经销商向一般消费者出售槟榔，是以铜钱为交易货币的，由于铜钱价值下降，广州的槟榔消费者需要付出更多的铜钱购买槟榔。由于经销商需要用价值日益提高的白银购入槟榔，而获得贬值的铜钱，因此他的利益受到很大的损害，经销商需要大幅度提高槟榔的零售价格以保证利润，以及弥补铜钱兑换白银日益上升的差价。

从这个流程我们可以看出，由于铜钱和白银的双通货经济模式，在铜钱价值下跌、白银价值上涨的情况下，种植者得到的是日益贬值的铜钱，消费者需要支付更多的铜钱。经销商和采购商之间以白银为结算货币，在简略化的贸易流通图中，四者中唯有采购商能够在白银价值上升、铜钱价值下降的情况下得益，因为他能够获得白银。由于白银价值日益上涨，且以广州为中心向其他地方辐射（存在响应时间差），因此采购商更愿意持有白银而不是持有货物。这样就导致在贸易过程中能够得到白银的商人不愿意将白银投入商品流转的渠道中去，而是手持白银在广州观望。

大量汇聚到广州的白银用于购买鸦片，由于白银购买力的增强，导致鸦片和其他进口商品的价格进一步下降。这样此消彼长的结果就是，国内贸易的商品，其流转渠道都受到了损害，从而导致供应不足和价格上涨；国外进口的商品，由于白银购买力的增强，反而出现了价格的下降。鸦片贸易不单是鸦片本身带来的伤害，还从破坏货币制度的方面扭转了中国对外贸易的顺差。对于这种情况，当时的学者已经有所警觉，并且撰文直陈其弊，“银之漏卮，耗于鸦片……故洋商置买货物，亦复银洋互用……今日银荒，恐数十百年后，百货俱荒，悉入外洋垄断之薮”（见夏燮《中西纪事·第三卷》）。

由于鸦片的大量输入，白银的流失，导致了广东社会的双重困境。一方面是鸦片带来的社会危害使得财富虚耗，民众身心健康受损；另一方面是银价飞涨导致国内贸易难以为继。这样一来，广州附近地区的社会和经济状况都受到了严重的冲击，尤其是手工业者和城市商业相关利益群体，从而深刻影响传统的广东商业格局。从1836年起，清廷当中有许多大臣都发现了鸦片贸易带来的严重社会危害，生计受到影响的一般民众和商人也开始发起反烟活动，于是朝野上下呼应，开始了1838年至1839年的广东禁烟行动。

禁烟行动一开始取得了颇为积极的进展，但是英国方面也很快开始采取行动，以武力保障鸦片贸易的继续进行。随后便是影响深远的第一次鸦片战争。

第一次鸦片战争的失败使得广东本就非常严重的社会问题进一步恶化。广州附近地区在战争中损耗极大，战争中被征调的兵力、粮饷最多。《广州和约》议定以后，退出广州城的溃散清军四处袭扰广州附近的乡镇。战争期间广东支出的军费最多，战后的赔款也由广东负担最多，达到1032.5万两，占总额的69.95%。另有战争期间的赎城费600万元和赔偿夷馆的66万元。广东珠三角地区原本是中国最为富庶的地区之一，经此一役，以及后来反复拉锯的反租地和反入城斗争，对广东地方政府和民间财富的损耗极大，加之长期不能正常通商，严重影响了广州商民的生计。广东民间在战争期间和战争结束以后被迫捐输了数十倍于正常赋税的款项，鸦片泛滥、钱贱银贵等战前就已经存在的问题更进一步加剧，使得人民收入锐减而支出倍增。《南京条约》签订后，五口开放通商，商路改变，原本经江西、湖南输入广东的贸易线路沿线有十万挑夫失业，数百万人流离失所。这些失业流民中许多是客家人，在此后的数十年间掀起了震动全国的太平天国战争，以及在广东造成赤地千里的土客战争。

第一次鸦片战争是一场未完成的战争，广东在这场战争中遭受惨重损失，引发了一连串的剧烈社会动荡，民众认为承受的苦难完全来自英国人的入侵，因此民间对洋人的仇恨更深。英国人也没有完全达成原本的企图，他们仍希望能够扩大在中国的利益，完全掌握广州附近的局势（即使在五口通商后，英人也始终未能实现进入广州城的目标）。双方对第一次鸦片战争结果的不满，导致1842年至1857年之间的和平只能是一场暂时的休战。第二次鸦片战争自1857年“亚罗号”事件开始，这场战争从一开始就有着完全不同于第一次鸦片战争的性质。第一次鸦片战争中，与英军对峙的主力是清军，是一场两个政府之间的对抗，在三元里抗英事件中，民兵乡勇只在本村遭受侵扰时做出抵抗。第二次鸦片战争时，广东各地的乡约、团练等民间武装成了与英法联军作战的主要力量，已经出现了一种“全民战争”的状态，仇恨洋人的广东民众四处袭击英军，甚至香港有人在供应英国人的面包中下毒。英法联军在第二次鸦片战争中为了完成上次战争中未能完成的“广州入城”的目标，彻底击垮广东民众的反抗意志，在1857年12月25日发动了对广州的攻城战，完全占领了广州城，成立了英法占领委员会，胁迫广东地方官员共同对广州进行了长达三年多的殖民统治，直至1861年10月和谈达成才撤出广州城。经历两次鸦片战争的残酷打击，广东民众已经先于全国其他地方的民众意识到，时代已经变了，中国社会不发生根本性的变革，是不可能取得与洋人平等交流的条件的。

下面再说说“赤贫化”和“移风易俗”对于槟榔嚼食习惯衰退的影响。

两次鸦片战争以后，中国社会深陷严重的内外危机，内有王朝末路的问题，外有殖民者入侵和洋货倾销，使得人民的生活水平严重下降。其实在清朝嘉庆朝以后，中国就已经深陷“内卷化”危机，在科技和土地都没有增长的情况下，人口膨胀，造成人均收入极低。不过在鸦片战争以后，受到鸦片倾销、洋货倾销的影响，赤贫的范围从原来的小农、佃农、城市苦力，迅速扩展到手工业者、小商贩，随着洋商和洋行对中国内外贸易的垄断，以及大量的战争破坏和战争赔款，甚至连传统的中国商人也陷入了贫穷的陷阱。这样一来，原本那些能够消费得起槟榔的社会中上阶层，也无法维持他们原有的消费习惯了。随着赤贫范围的迅速扩大，槟榔很快失去了它原有的消费者，导致嚼食槟榔的习惯也几乎绝迹于中国的各大城市。

从19世纪60年代开始，清朝的有识之士都意识到已经无法阻挡世界殖民帝国扩张的历史潮流，必须对旧制度和旧文化进行彻底的改造。曾国藩、李鸿章、张之洞、左宗棠等人发起了对中国历史影响深远的洋务运动，很快，向西方学习，重新审视中国旧有的文化和习俗成为社会普遍共识，这种情况在与西方交流比较多的沿海和沿江主要商业城市中尤为明显。而这些城市，以及这些城市里的工商业阶层，往往就是嚼食槟榔习俗依存的对象。假使嚼食槟榔的习俗在中国的农村也普遍存在，那么它的消亡可能也不会那么彻底。最典型的例子就是抽旱烟枪和抽水烟，这两种抽烟的方法原本分别在中国北方与南方的大城市都普遍存在，但是在洋卷烟普及以后，老式的烟枪烟管大约在20世纪20年代前后就几乎绝迹于城市中了，然而在乡村至今仍可偶尔见到。由于嚼食槟榔需要不时地唾吐槟榔渣，而这种习惯特别受到诟病，因此民国初年，嚼食槟榔的习惯在广州、泉州、南京等大城市已经基本消失，以至于国民政府在1934年发起“新生活运动”时，嚼槟榔已经不是一种需要被特别提醒注意的广泛习俗。

许多关于槟榔的研究文章中想当然地认为是烟草的流行“挤掉”了槟榔（见王四达《闽台槟榔礼俗源流略考》，《东南文化》，1998年第2期；陈光良《海南槟榔的经济的历史考察》，《农业考古》，2006年第4期），然而这种想法根本经不起推敲。烟草可以和诸多成瘾品叠加使用，不存在烟草替代其他成瘾品的情况。在17、18世纪的西欧，咖啡馆的流行也促进了烟草的消费，抽烟的人咖啡因的代谢速度比不抽烟的人的快50%（见［美］戴维·考特莱特《上瘾五百年：烟、酒、咖啡和鸦片的历史》，中信出版社，2014年版）。咖啡馆也是吸烟者重要的社交场所。同样，抽烟的人代谢槟榔碱的速度也更快，因此才有“槟榔加烟，法力无边”的说法，抽烟者同时嚼槟榔，获得槟榔碱的刺激速度更快，更强烈。从现在湖南、台湾、海南的情况来看，抽烟和嚼槟榔的行为往往是同时存在的，并没有任何证据支持抽烟能够替代嚼槟榔这种假设。

接下来我们讨论湘潭嚼食槟榔习俗的兴起，长江流域的嚼食槟榔习俗变化与湘潭关系密切，因此也一并讨论。

在当代，湘潭是中国大陆唯一的汉族嚼食槟榔习俗传承地（当代云南南部亦有嚼食槟榔习俗，主要在西双版纳地区，以傣族、哈尼族、布朗族等少数民族为多，故此处特别强调汉族），但湘潭嚼食槟榔的习俗其实起源相对较晚。从地方志的记载来看，乾隆年间编成的《湘潭县志》［《湘潭县志》二十五卷，乾隆二十一年（1756）刻本］尚未记载此地民众有普遍的嚼食槟榔习俗。直至嘉庆年间的《湘潭县志》（1818年），才首次出现了此地嚼食槟榔习俗的记载：“士大夫燕客来取精细酒、重酢娘，珍错交罗竟为丰典，一食费至数金，而婚丧为尤，甚至槟榔蔫叶，所枉酷嗜。”可见槟榔在湘潭的兴盛大约是嘉庆、道光、咸丰年间的事情。

这里说的是湘潭地区的社会风气日趋浮华，宴会上甚至出现了槟榔和烟叶，以此作为奢华的标志。其实湘潭早在唐代便已是湖南中部的商业重镇，五代时设立了重要的商贸榷场——易俗场，此后易俗场一直是湘江水道上最重要的商业交易场所之一。清代的湘潭尤为富庶，湖南有俗语称“金湘潭、银益阳”，王闿运光绪年间的《湘潭县志》里称湘潭“财赋甲列县”“湘潭富饶为湖南第一，凡捐输皆倍列县”。湘潭的财富主要来自商业，清代湘潭有诸省商人设立的会馆，其中以江西籍商人的会馆最多，会馆中规模较大的有豫章会馆、岭南会馆、北五省会馆等。在湘潭交易的货物中，以药材为最多，湖南有俗语“药不到湘潭不齐”，说的就是湘潭药材行业的鼎盛。由于大量药材在湘潭汇聚，激烈的市场竞争使得药材价格也有所降低，咸丰年间，作为药材的槟榔在湘潭一斤约可卖300文，到武汉能卖到一两银子，到江浙又翻了一番，运到京城已经是四两银子一斤了，利润巨大（见刘倩《让湖南人戒槟榔，难》，《商业人物》，2019年4月3日）。

槟榔是岭南出产的重要的药材，而湘潭又是湘江水道上重要的药材商埠，自然免不了有大量的槟榔在湘潭集散。在中国传统的水运商业格局中，沟通岭南和江南物产，使得南方特产得以北上，而北方物产得以南下的，主要有两条水运商路。

以槟榔为例，从琼州（海南）起运以后，可到合浦或者广州，然后转内河航运。在岭南地区，在合浦登陆的货物走南流江，过博白、玉林，转入北流江，过容县、藤县，抵达梧州；在广州登陆的货物走珠江水道，在三水分为两股，一股入北江北上，另一股入西江可达梧州，可在广州和梧州之间均输。

梧州是湘桂水运的起点，从梧州入桂江—漓江水道，可以抵达桂林，然后在桂林北部入灵渠，转入湘江水道。湘江水道沿岸商埠有零陵（永州）、衡阳、湘潭、长沙、岳阳，过岳阳以后进入长江水道，可以很方便地抵达武昌，到达武昌的南方货物可以从汉口入汉水，经汉水进入北方的河南、陕西。此为西线。

广州是粤赣水运的起点，从广州到三水，入北江水道，经清远、英德、韶关、南雄，在南雄过梅岭便是江西大余县。从大余县开始进入章水—赣江水道，过赣州、吉安、南昌，便可经鄱阳湖进入长江水道，这条线路可方便到达长江下游的安庆、芜湖、江宁（南京），乃至江宁以东繁华富庶的苏南浙北地区；过江宁、扬州以后，也可以走京杭运河，抵达北方的山东、直隶（今河北、天津、北京部分地区）。此为东线。在一般情况下，无论走东线还是西线，都以广州起运的货物为多。

南方水运贸易商路的东西两条线各有优势，纯以地理形势来说，距离长江中下游各重要商埠的路途，西线比东线要稍远一些。不过西线有灵渠沟通湘江和漓江水道，全程可以走水路，转运更加方便；东线在南雄和大余之间有一段跨越梅岭的陆路运输，因此运输成本略高于西线。另外由于长江水流湍急，逆流而上需要付出大量的人力驱动船只，因此东线一般只对长江自九江以下的商埠贸易，西线则可以照顾到自岳阳以下的商埠。

在宋代以前，中国北方的政治经济中心偏于西部，即以洛阳和长安为北方政治和经济上的核心地带，湘江—长江—汉水的转运线路更方便，因此南方的商业运输线路也以西线（湘桂水运）更为兴旺。在金人入侵、北宋瓦解以后，南宋的政治和经济重心整体转移到长江中下游地区，因此赣江—长江—京杭运河这条东线（粤赣水运）的贸易更为繁盛。在南宋一朝，江南西路商贾繁盛、人才辈出，江州（九江）、隆兴（南昌）、吉州（吉安）、赣州这些沿着水运贸易线路的商埠都取得了极大的发展。到了元明清三代，中国北部的经济中心已经整体向东迁移，从原来的长安—洛阳一线变成了北京—南京一线，因此离京杭运河更近的东线就更为商贾所重视，湘潭的商贾之中以江西人为多，其原因正在于江西赣江流域持久的繁盛富庶。

江西商业的繁荣也带动了文化的昌明，自宋代以来，江西的书院在整个长江以南名气极大，著名的庐山白鹿洞书院、吉安白鹭洲书院、铅山鹅湖书院、南昌豫章书院皆在这条商路沿线，对中国儒家文化的发展影响深远。当然，这里所说的东线西线之间的对比，只是相对而言，自唐末以来，南方——无论东西，都在经济和文化上极大地进步了，以至于超越了北方；所以从全中国的形势上来看，南方的东西两条水运贸易线路都是蓬勃发展的。

湘桂水道和粤赣水道双线并重的局面一直持续到鸦片战争前夕。在广州一口通商的时代，景德镇出产的瓷器、武夷山区生产的茶叶，都要经过粤赣水道输送到广州，沿着这条重要的商道，有十余万的挑夫、纤夫等苦力仰赖络绎不绝的货运维生，当然沿途也有数量不少的盗匪靠抢掠商旅取得横财。然而鸦片战争以后，随着《南京条约》的签订，五口通商的新格局出现，粤赣水道的货运量大为衰减，造成沿途近三十万相关职业的民众失业，间接导致在粤闽赣三省交界处的客家社会出现极度动荡不安的局面。

清末的太平天国运动彻底改变了南方两条水运贸易线路并举的局面，太平军和清军反复拉锯蹂躏的地区主要是江西北部、安徽南部，因此从1852年至1864年的十二年间，东线的贸易几乎完全不能正常进行，造成了水运贸易东线的全面衰败，也促成了西线的空前繁荣，湖南湘江的沿线商埠呈现出对江西赣江沿线商埠的全面超越。大约在太平天国运动末期，中国留学生先驱、广东香山人容闳在长江下游地区考察茶叶产地，基于这次考察经历，他在《西学东渐记》中写道：“凡外国运来货物，至广东上岸后，先集湘潭，由湘潭再分运至内地。”自此，途经江西的贸易线路再也没能复兴，而湖南也成为太平天国运动中间接的最大得益者。

第二次鸦片战争以后，洋行和沿海贸易的洋船开始替代中国传统的内河水运商船队，到了19世纪末，洋船更是深入内河航道，成为贸易中的主导力量。东线水运在太平天国运动结束以后不能复兴，主要就是由于更靠东的海运以及对外通商口岸的兴起。其实19世纪中后期洋行和洋船对于本土传统商业的替代，并不只限于东线，西线同样也受到严重影响，只是由于东线先遭到清军与太平军反复拉锯的摧残，凋零得更早，损失更严重。以至于后来清末民初时修建贯通中国南北的铁路时，因湖南经济更为发达，而选择了经过湖南的粤汉线，使得江西在几乎整个20世纪成了中国东南部经济上的一块洼地。

现在我们再将焦点回到槟榔上来。

光绪十五年（1889）的《湘潭县志》卷十一《货殖》中说，“广商则银朱、葵扇、槟榔为大，日剖数十口，店行倍蓰（蓰，音总，言草细密之状，此处指店铺小而密集），率五步一桌子，卖之合面相向，计每桌日得百钱之利。日当糜钱五六百万，如此岁费钱二百余万万，而百谷总集易俗场者才略相等”。

这里的表述除了说明清末嚼食槟榔已经在湘潭非常流行以外，“百谷总集易俗场者才略相等”还透露出一个关键的信息，就是湘潭在1889年已经不是一个大型贸易商埠，而是转变成了一个专精于药材市场的专门型商埠。槟榔作为一种药材和嗜好品，在一个大型的综合商埠中，再怎么大量交易，金额也不可能超过大宗的谷物交易。唯一的可能性就是湘潭这时已经较少交易谷物了，大宗的谷物交易已经转移到了汉口等对外通商口岸。这个信息反映了在洋船洋行全面替代本土行商背景下，由于槟榔作为药材和嗜好品，价值比较高，对于运输费用不如大宗商品如谷物类那样敏感，因此仍然能够在传统的、以中国人行商为主的商埠进行交易。

1818年编成的《湘潭县志》第一次出现了湘潭人在宴席中备陈槟榔和烟叶的记载，而到了1889年的《湘潭县志》则说槟榔的贸易总额与“百谷总集”“略相等”。对比嘉庆和光绪年间的《湘潭县志》两处记载，我们可以明确得知，嚼食槟榔习俗在湘潭大盛于1818年至1889年之间。那么，湘潭人是怎样开始嚼食槟榔的呢?

光绪十五年《湘潭县志》卷四下《山水》中提道：“近岁左文襄赘居妇家，有槟榔之恨，及后富贵，更为美谈。”这里说的是左宗棠在道光十二年（1832）入赘其妻周诒端家的事情，周诒端本人与家中众兄弟姐妹，及其母王慈云皆擅长作诗，周母在家中进行作诗比赛，以槟榔为奖赏。左宗棠的诗作总是不及周家诸人，得不到槟榔的奖赏，故而有“槟榔之恨”。可见当时湘潭人普遍嗜好槟榔，但槟榔却并不是易得之物。以周家之富庶，尚且以槟榔为赏贤的珍品，可见槟榔价值不低。

正如金观涛、刘青峰在《兴盛与危机——论中国封建社会的超稳定结构》一书中揭示的那样，中国社会在没有外部刺激的情况下，是一种相当稳定而平衡的结构。在这种超稳定结构中，任何文化习俗上的改变都会激起敏感的应激反应。正如1818年的《湘潭县志》的编撰者对于湘潭人宴席中出现了槟榔和烟叶，而产生的对社会风气转向奢华浮靡的强烈感叹。湖南中部为传统的稻作区，重本轻末——也就是重农抑商的文化传统很深厚，因此崇尚俭朴的生活作风，对于槟榔烟叶这种代表奢侈的嗜好品有强烈的儒家道义上的排斥。也就是说，假如没有外部环境的重大变化、社会经济结构的重大改变，湘潭的文化习俗是相对稳定的，很难出现嚼食槟榔习俗的盛行。换言之，也就是在1818年至1889年之间，湘潭的内外环境都发生了重大的变化，从而使得文化习俗的改变有了突破的窗口期。

传统的湘潭士大夫对于突然兴起的嚼食槟榔习俗，自然是很看不过眼的，认为这是堕落奢靡的不正之风，需要加以禁止。其中最有代表性的是罗汝怀，他在《绿漪草堂文集》卷二十二《畣人书二》中说“槟榔丝烟千人所同，一人能弗同乎。即一人弗同，亦独善其身，而已无如千人何也。整齐风俗之事，非可望之官吏，直须朝廷之汗号”。另外，他在《绿漪草堂文集》卷十七《书刘次欧代义山会叙后》有记一则戒除槟榔的逸闻：“湘潭锦湾对岸有小市，从兄世果礱米，其地与同人约省槟榔，以周贫者。家置一筒，客来则主人投一钱于筒中，月计岁会。如周恤事，急则不待会计，先倾各户之筒以济之。”文中从事盘谷舂米的小伙子与朋友们约好，将平常食槟榔的花费省下来，用以接济穷人，所以遇见应以槟榔待客之时，他们也将所需开销放入筒中，作为节约下的救济金，倘若遇上较急之事，就先将各家筒中铜钱倒出救急。“盖潭人之于槟榔，虽孩童时，用咀嚼。尝闻之，人云其壮盛时日需百钱，而一家终岁之费常在二三十缗，不亦傎乎。始捐嗜好以行义，继则藉行义以损嗜好，其为作用大矣。”（转引自周大鸣、李静玮《地方社会孕育的习俗传说——以明清湘潭食槟榔起源故事为例》，《民俗研究》，2013年第2期）罗汝怀不单提倡戒除烟丝、槟榔，甚至连酿酒也呼吁禁止，他认为酿酒会虚耗粮食。他的思想有很明确的重农轻商倾向，在清末湘潭商业蓬勃发展的大背景下，实在是显得很不合时宜。

正如前文提到的，太平天国运动使得湘潭获得了重大的贸易机会。1852年6月，太平军从广西全州突围进入湖南，在湘南连克数县，军力大幅增长。清军判断太平军会经衡阳北上，因此将主力部署于衡阳、郴州一线，造成湘中和湘北的防务空虚。8月，太平军间道奔袭长沙，历经三个月的围攻仍然不克长沙，于是在12月撤围北上攻克岳阳，在1853年1月攻克武昌，继而顺江东下，克江宁而建政。因此在整个太平天国战争期间，只有1852年的下半年在湖南省内大范围作战，湖南受到的战争破坏并不是很大，因此也能够提供稳定的兵源和补给，造就湘军的盖世功勋。自1853年至1863年的十年里，太平军与湘军对峙的重点地区大约在九江至安庆一线的长江两岸，双方的反复拉锯交战造成重大损失，对这一带的破坏极大。

太平天国运动造成了沿赣江的水运贸易线路的全面衰败，也促成了沿湘江贸易的繁荣和沿海贸易的兴盛。岭南槟榔北运的路线，从原本的东西双线进行，改为只有西线一路转运。这样一来，在湘潭中转贸易的槟榔数量大幅度增加，使湘潭成为南北槟榔转运集散地。

不过，湘潭作为槟榔货运集散地的地位很快就被打破了，这一次导致贸易路线变化的主要力量不是“家贼”，而是“外盗”。1858年，中英签订《天津条约》，其中规定增开牛庄（后改营口）、台湾（后定为台南）、潮州（后改汕头）、登州（后改烟台）、淡水、琼州、汉口、九江、南京、镇江为通商口岸，给中国传统的槟榔货运商行带来了致命一击，因为在海南和台湾两处本土槟榔产地中，开放了三处通商口岸——台南、淡水、琼州，而长江货运航道上两处向北方输送槟榔的重要口岸也在开放之列，即镇江和汉口，且北方在辽宁和山东还开放了营口和烟台两处口岸。这样一来，从海南和台湾输出的槟榔就可以通过外国商船直达长江沿岸和北方沿海口岸，而不需要经过传统的湘桂水道和粤赣水道输送。只是由于1858年条约签订时，太平天国运动尚未结束，长江下游航道尚不能畅通；到了1864年天京（今南京）陷落以后，由外洋进入长江中游的水道才被彻底打通，至此，洋船可以入长江直抵汉口。

自从鸦片战争起，直至抗日战争以前，外国商船在中国货运贸易中是占有绝对优势的。这种优势主要体现在两个方面，一方面是外国商船的身份可以获得关税上的特别优待，又可以避免被各地当权者征收各种苛捐杂税（如厘金等），还可以倚仗列强获得的领事裁判权等特权。另一方面是洋船本身的货运效率比较高，运输费用也更便宜。因此中国传统的水运商行在19世纪中后期面对外国洋行的入侵，可谓溃不成军，完全将内外贸易的主导权拱手让给了洋人。清末洋务运动时，由李鸿章、盛宣怀等人主导筹办了轮船招商局，就是一次试图从洋人手中夺回贸易主导权的积极尝试。李鸿章《试办招商轮船折》中就说到“冀为中土开此风气，渐收利权……庶使我内江外海之利不至为洋人尽占，其关系于国计民生者，实非浅鲜”。可见当时洋船洋行已经完全占据了中国内外贸易的主导权。

洋船货运贸易和长江沿岸的通商口岸开放，对19世纪末的中国商业格局有着翻天覆地的影响。在太平天国运动期间，湘桂水道的货运尚能存续，那是因为战争阻断了长江下游航道的通行，使得海运洋船只能到上海而不能继续溯长江西上，因此湘桂水道成为南北物资转运的唯一通道，湘潭出现了一时的繁荣。近代有些历史学家将湖南经济、文化、政治各方面在19世纪末期的空前繁荣，归功于湘军在战争中获得的政治资本和劫掠长江下游城镇获得的物质财富。然而劫掠所得只能供一时挥霍，不能持续地成就地方经济的繁荣，湖南在太平天国运动结束之后的空前繁荣，主要还应归功于战争期间湘桂水运贸易对沿途商埠的巨大经济刺激。

1902年，中英《续议通商行船条约》签订，开放长沙作为对外通商口岸，湘潭作为商埠的地位更是一落千丈。主要经湘潭转运的药材贸易，被阻断在长沙与湘潭之间。洋船贸易就像一条从长江口深入中国腹地的长蛇，将湘桂水道的贸易盘堵在湖南中南部和广西西北部的山岳腹地之中。湘桂水道的贸易地位，也从中国南北货运的要道，降格为地方性的通商水道。

从这样的历史背景下理解湘潭嚼食槟榔习俗的兴衰，我们很容易发现，槟榔作为一种重要的南方药材，其实是由于商路的改变，而被“堵”在湘潭。在19世纪60年代以后，北方所需的槟榔可以由洋船从海南沿海路直达烟台、营口、天津等口岸；长江沿岸大型城市所需的槟榔，也可以从海路转长江航道直达汉口等埠，无需经过湘潭的转运。进入20世纪初，就连长沙也开埠了，湘潭的贸易出路被彻底堵死，由此发生了“金湘潭”的没落。

在1864年至1880年之间，经由湘桂水道运抵湘潭的槟榔，可能比从海路由海南或台湾运输到汉口的槟榔价格高出数倍。如果以湘潭为转运基地的药材商人仍继续将这些已经积压在湘潭的槟榔按原贸易路线发往汉口，那么从湘潭到汉口的内河运输费用，再加上汉口可能更为低廉的槟榔价格，会使得商人亏损更大。因此，唯有将已经抵达湘潭或者在湘潭囤积的槟榔以低价大量出售，才是及时止损的最好办法。

而这时候商人正好能够遇上持币待购的买主。1864年，太平天国运动结束，由于曾国藩急于向北京朝廷证明自己的忠诚，没有拥兵自重的打算，于是迅速地以较为优厚的待遇解散了主要来自湖南中部地区的湘军兵员。这些退伍湘军士兵，一方面从战争中积累了不少劫掠品，另一方面也从曾大帅手上领到了不少的遣散资财。他们主要的回乡路径便是沿长江西上，转入湘江，经由湘潭等码头回到各自的故乡。这些人手上颇有闲钱，急于向家乡父老一显阔气的派头，于是就出现了前文中提到过的风气的转变，由原本质朴节俭的农家本色，迅速转向重视享受和消费。

湘潭地区嚼食槟榔的习惯，很有可能就是这两股力量——积压了槟榔的商人和持币待购的退伍兵所共同造就的。这种假设，能够比较合理地解释从1818年到1889年的《湘潭县志》中的两种记载——嚼食槟榔从一种豪奢的、罕见的享受行为，到一种普遍的流行之间的转变。另外，由于商人的抛售行为，湘潭槟榔的价格也由高价的嗜好品转变为一般民众都能消费得起的日常零食。

长江中下游的重要商埠普遍都有嚼食槟榔的习惯，正如《儒林外史》中有一段汤六爷在南京逛妓院嚼槟榔的故事。青少年时期多数时间在湖北武昌居住的清朝遗老陈曾寿（籍贯湖北浠水）也很喜欢吃槟榔，在他的诗作《觉先弟自京寄槟榔来诗以报之》中是这样说的："我生嗜槟榔，日用论斤夥。了无羊踏园，空用敌饭颗。"他在这首诗的尾注中还说到"前年武昌之变，余到汉口，或问所需，乃索槟榔一包。或笑曰：'此时正忧无食，岂需此乎。'余亦自失笑"。这里因为活用了刘穆之"一斛槟榔"的典故，故而相对会心一笑。陈曾寿吃嚼槟榔"日用论斤"，可谓槟榔瘾极重了，综合他的生平考量，他嚼槟榔的习惯极有可能是在武昌养成的，陈曾寿的家庭是官宦世家，可见居住在武昌的达官贵人中嚼食槟榔也是常见的习俗。辛亥革命以后，陈曾寿在杭州隐居，也许革命以后江南的嚼食槟榔习俗也一并受到了影响，杭州已经不好买到槟榔了，陈曾寿的弟子特地从北京给陈寄来一包槟榔。由此笔者也推测，辛亥革命可能是长江中下游嚼食槟榔习俗的一个转折点。

以笔者阅览的各类关于槟榔的文献总论，长江中下游重要商埠中嚼食槟榔的多为官员或商人，一般的民众嚼食槟榔并不见记载，因此嚼槟榔可能只限于社会中有钱有权的阶层。在辛亥革命以后，无论是原来的官员或者是传统的中国商人，都很难维持以往的生活质量，也就导致在长江中下游城市中嚼食槟榔习俗的退去。官员的情况很容易理解，这是由于新旧政权鼎革而导致的，商人的变故则主要是由于洋商对长江航道的入侵和对贸易的垄断。在19世纪的后半叶，中国的商界发生了一次“大换血”事件，中国传统的经过内河航道输送货物的商贾，让位于洋船、洋商和洋行，新兴的商人并没有沿袭过去的传统中国商人在饭后嚼食槟榔的习惯，而是几近全盘学习洋商的生活，包括吃洋食、喝洋酒、吸洋烟，于是嚼食槟榔的习惯也就逐渐淡出日常生活，这一点我们从上海在近代兴起的商人俱乐部、别墅的生活情趣中可以管窥。